国 家 文 物 局
主 编

2020

中 国
重要考古发现

文物出版社
2021 · 5

图书在版编目（CIP）数据

2020 中国重要考古发现 / 国家文物局主编 . —— 北京：
文物出版社，2021.5

ISBN 978-7-5010-6577-6

Ⅰ . ① 2… Ⅱ . ①国… Ⅲ . ①考古发现 - 中国 -
2020 Ⅳ . ① K87

中国版本图书馆 CIP 数据核字 (2021) 第 068470 号

2020 中国重要考古发现

主　　编：国家文物局

责任编辑：戴　茜

　　　　　吴　然

英文翻译：潘　攀

书籍设计：特木热

责任印制：张　丽

出版发行：文物出版社

社　　址：北京市东直门内北小街 2 号楼

邮　　编：100007

网　　址：http://www.wenwu.com

经　　销：新华书店

印　　刷：北京荣宝艺品印刷有限公司

开　　本：787×1092　1/16

印　　张：12

版　　次：2021 年 5 月第 1 版

印　　次：2021 年 5 月第 1 次印刷

书　　号：ISBN 978-7-5010-6577-6

定　　价：98.00 元

*National Cultural
Heritage Administration*

MAJOR ARCHAEOLOGICAL
DISCOVERIES IN

Cultural Relics Press

Beijing 2021

协作单位

中国国家博物馆

中国社会科学院考古研究所

中国科学院古脊椎动物与古人类研究所

北京大学考古文博学院

山西省考古研究院

内蒙古文物考古研究所

吉林省文物考古研究所

浙江省文物考古研究所

福建博物院

山东省文物考古研究院

河南省文物考古研究院

郑州市文物考古研究院

洛阳市文物考古研究院

安阳市文物考古研究所

湖北省文物考古研究所

荆州博物馆

四川大学

云南省文物考古研究所

西藏文物保护研究所

陕西省考古研究院

甘肃省文物考古研究所

兰州大学

目　录 CONTENTS

前 言 PREFACE

2020 年是极不平凡的一年。9 月 28 日，习近平总书记就考古工作发表重要讲话，高度肯定了考古工作取得的重大成就，并深刻阐释了考古工作的重要意义，强调建设中国特色、中国风格、中国气派的考古学，为新时代中国考古事业发展指明了方向，提供了根本遵循。国家文物局认真贯彻落实习近平总书记重要讲话精神，精心谋划、多方协调，深入推动考古事业发展。国家文物局考古研究中心挂牌成立，考古标本库房纳入国家"十四五"规划纲要，"先考古、后出让"政策文件出台，改革措施不断落实落地。"中华文明探源""考古中国"等重大项目持续推进，1183 项基本建设考古项目顺利实施，考古探索未知、揭示本源和服务国家大局的能力不断增强。

旧石器时代考古取得重要进展。贵州贵安招果洞遗址堆积从距今四万年延续至距今两千年，保留了丰富的古代人类栖居遗迹、人工制品与动植物遗存，为研究西南地区早期人类活动、进一步复原史前社会发展提供了重要依据。甘肃夏河白石崖溶洞遗址是目前唯一在东亚发现丹尼索瓦人化石和丹尼索瓦人DNA 的旧石器时代考古遗址，是青藏高原史前考古的重大进展，为探索史前人类向青藏高原的扩散和高海拔环境适应、丹尼索瓦人及东亚古人类演化等问题提供了重要资料。河北泥河湾盆地旧石器遗址群、宁夏灵武水洞沟遗址考古工作持续推进，对探明旧石器时代人类的行为技术演化与环境适应具有重要意义。

新石器时代考古获得重大突破。浙江余姚井头山遗址是目前考古发现中国沿海埋藏最深、年代最早的典型海岸贝丘遗址，为研究我国东南沿海地区新石器时代早期文化、资源与生业以及近万年以来的气候环境变化等提供了全新的视角。浙江余姚施岙遗址发现河姆渡文化至良渚文化时期大规模稻田遗迹，展现了宁绍平原稻作文明的历史场景。河套地区、中原地区、长江中下游地区文明化进程研究协同推进，内蒙古清水河后城咀遗址、陕西府谷寨山遗址等都以精彩的发现、深入的研究揭示出史前中国的生动韵律。河南巩义双槐树遗址是目前发现的仰韶文化中晚期规模较大的聚落遗址，为研究中原地区中华文明起源关键时期提供了新的物证。

夏商周考古精彩纷呈。河南偃师二里头遗址进一步揭示了二里头遗址分区居住的多网格式布局，都邑聚落、社会结构等方面研究持续深化。登封王城岗城址发现大面积夯土遗迹群，禹州瓦店遗址揭露了龙山文化晚期建筑基址，为早期夏文化探索提供了重要资料。周口时庄遗址发现了早期社会粮食储存的单一性聚落，对认识早期社会组织结构、社会治理以及社会复杂化过程具有重要价值。殷墟小屯宫庙区、洹北商城手工业作坊区、湖北武汉黄陂郭元咀商代铸铜遗址、山西垣曲北白鹅两周墓地等重大发现，对系统研究和全面复原商周社会意义重大。河南伊川徐阳墓地所见东周时期墓葬、车马坑及大量珍贵遗物证实了文献所载"戎人内迁伊洛"的历史事实，是研究我国古代民族融合的生动例证。

　　秦汉至明清时期考古成果丰硕。甘肃礼县四角坪遗址秦代礼制建筑群、陕西宝鸡陈仓下站秦汉祭祀遗址、山东青岛琅琊台建筑遗址等不断丰富秦汉祭祀制度与建筑历史。江苏徐州土山二号汉墓规模宏大、结构复杂，出土银缕玉衣、双重漆棺等大量珍贵文物，为东汉时期诸侯王陵墓研究提供了新实证。陕西西安少陵原十六国大墓是目前发现的十六国时期规模最大、等级最高的墓葬，对研究这一时期陵墓制度具有重大价值。内蒙古武川坝顶祭祀遗址为北魏政治与祭祀制度研究提供了珍贵资料。青海都兰热水墓群血渭一号墓深刻揭示中国古代丝绸之路沿线民族交流、交往、交融的历史。新疆尉犁克亚克库都克烽燧遗址确认为唐代安西四镇之一焉耆镇下设沙堆烽遗址，填补了历史文献关于唐代军镇防御体系记载的空白。吉林图们磨盘村山城遗址确认为东夏国南京城故址，是东北亚考古与历史研究的重要突破。福建泉州市舶司遗址、安溪青洋下草埔冶铁遗址考古工作进一步丰富了"泉州：宋元中国的世界海洋商贸中心"的突出普遍价值。

　　2021年是中国共产党建党一百周年，也是仰韶文化发现一百周年，对于中国考古学具有特殊意义。在这个关键的历史节点，考古工作者更要奋发有为，充分发扬"择一事、终一生"的奉献精神，努力开创考古事业的新局面，为建设中国特色、中国风格、中国气派的考古学，更好认识源远流长、博大精深的中华文明不懈努力。

甘肃夏河
白石崖溶洞遗址

BAISHIYA KARST CAVE SITE IN XIAHE, GANSU

白石崖溶洞遗址位于甘肃省甘南藏族自治州夏河县甘家乡，地处甘加盆地北侧，达里加山南侧石灰岩山体中，地理坐标为北纬 35°26′54.44″，东经 102°34′13.31″，海拔3282 米。洞口朝东南，进深数百米，由近 100 米长的入口通道和内部大小不一的多个洞室组成。洞内总体较为干燥，可见较多松散堆积。20 世纪80 年代，一名僧人在此发现了一件古人类"夏河人"下颌骨化石。近年，兰州大学环境考古团队联合多家境内外科研团队，对该化石开展了体质形态、古蛋白和铀系法测年分析，确定其至少形成于 16 万年前，属于丹尼索瓦人（简称丹人）。这件人类下颌骨化石是青藏高原发现的最早的人类化石遗存，也是西伯利亚丹尼索瓦洞以外发现的第一件丹人化石，它将青藏高原此前最早的人类活动历史由距今 4 万年推早至距今至少 16 万年，并首次揭露了丹人的面貌信息，为其曾广泛分布在东亚地区提供了可靠的古人类化石证据，极大地推进了青藏高原史前人类活动研究和丹人研究。该研究成果于 2019 年 5 月发表在 Nature 杂志。

为进一步了解青藏高原丹人并揭示白石崖溶洞遗址所蕴含的古人类活动信息，2018～2019 年，兰州大学和甘肃省文物考古研究所联合对白石崖溶洞遗址进行了正式发掘。发掘区主要位于入口通道位置，发掘面积 11 平方米，分 5 个独立探方。发现了丰富的古人类遗存，包括上万件石制品和动物骨骼以及用火遗迹等，并采集了包括古环境重建和测年等沉积物样品。

石制品和动物骨骼出土情况
Stone Products and Animal Bone
in Situ

石制品和动物骨骼出土情况
Stone Products and Animal
Bone in Situ

目前，基本完成了遗址地层和形成年代分析。根据土质、土色、包含物等，将遗址地层划分为10层，均为出土丰富石制品和动物骨骼的文化层。进一步对沉积物进行分析，包括沉积物粒度组成、磨圆度、成分组成等分析，确定文化层沉积物及其包含的遗存主要为原生堆积，没有明显二次搬运或上下扰动。通过对15件骨骼标本进行AMS碳十四测年，并对12个沉积物样品的30000余颗颗粒进行单颗粒光释光测年，为遗址T2探方2018年已发掘地层（共10层）建立了距今19万～3万年的可靠年龄框架。

遗址出土石制品和动物骨骼数量较多，目前仅完成部分样品的初步分析。初步分析显示，石制品主要由简单石核石片技术打制而成，以石片和断块为主体遗存，但同时有数量较多的工具、使用石片和石核；石料以角页岩、石英、片岩为主，与洞穴前的河滩砾石岩性一致。动物骨骼保存状况较好，以四肢骨为主，初步鉴定的动物种属有犀牛、野牛、野马／驴、鬣狗和野羊／羚羊等。

此外，还完成了T2沉积物古DNA分析。中国科学院古脊椎动物与古人类研究所古DNA团队对采自T2多个地层的35个沉积物样品进行古DNA分析，一次性成功钓取242种哺乳动物和人类的线粒体DNA。哺乳动物的DNA结果与遗址出土动物骨骼一致，均发现了鬣狗、犀牛、羚羊等种属。古人类线粒体DNA的进一步分析显示其为丹人线粒体DNA，年代主要出现于距今约10万年和距今约6万年，个别样品晚至距今4.5万年。研究发现，白石崖溶洞丹人与丹尼索瓦洞晚期人类有密切的遗传联系，揭示了晚更新世丹人至少曾广泛分布在南西伯利亚至青藏高原区

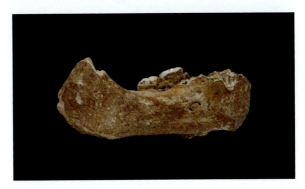

"夏河人"下颌骨化石
The "Xiahe" Mandible Fossil

域。此项研究，为丹人曾长期生活在青藏高原提供了更为确凿的证据，再次揭示古老型智人——丹人在现代人之前可能已经适应了高海拔环境。白石崖溶洞遗址的最新研究成果于 2020 年 10 月 30 日发表于 Science 杂志。

白石崖溶洞遗址的发掘和研究主要获得以下几点认识。第一，在白石崖溶洞遗址晚更新世沉积物中发现的丹人 DNA，是西伯利亚丹尼索瓦洞以外发现的首个丹人 DNA，为青藏高原早期人群种属提供了 DNA 证据，为丹人长期生活在青藏高原提供了可靠的遗传学、年代学和考古学证据，再次印证丹人曾经广泛分布在欧亚大陆东侧，丹人在东亚古人类演化历史中占有重要地位。第二，重建并完善了青藏高原早期人类活动历史，填补了青藏高原最早的人类活动遗存——"夏河人"化石（距今 16 万年）与青藏高原最早的现代人遗址——尼阿底遗址（距今 4 万~3 万年）之间的空白，将青藏高原最早人类活动历史从距今 16 万年推早至距今 19 万年，并进一步拓展了丹人在青藏高原的活动

时间范围——由距今 16 万年推及距今 10 万及 6 万年，甚至可能晚至距今 4.5 万年，显示人类对高海拔环境的适应经历了一个相对漫长的过程。对高海拔环境的适应不是现代人所独有的，丹尼索瓦古老型智人已经适应了高海拔环境，这个发现更新了以往对古人类环境适应能力的认识。第三，利用沉积物古 DNA 分析这一新兴分子考古学技术在中国考古遗址中成功提取了古人类 DNA，弥补了旧石器时代考古遗址人类化石稀少的缺憾，极大地丰富了旧石器时代考古学的研究对象和方法，打开了中国旧石器时代考古遗址人群演化研究的新窗口，对厘清复杂的东亚古人类演化历史和理解现代人起源等问题具有重要意义。

白石崖溶洞遗址的进一步发掘和研究，对于揭示青藏高原早期人类活动历史，特别是丹人在青藏高原的时空分布及其体质特征、遗传特征、文化面貌和高海拔环境适应策略等信息有重要价值，也对深入理解东亚古人类演化历史有重要意义。

（供稿：张东菊　夏欢　申旭科　陈发虎）

2019 年发掘现场
Excavation Site in 2019

2019 年发掘现场
Excavation Site in 2019

干筛土样
Dry Screening Soil Sample

沉积物 DNA 样品采集
Collecting DNA Samples from Sediments

石片
Stone Flakes

石制品
Stone Products

动物骨骼
Animal Bones

The Baishiya Karst Cave Site is located in Ganjia Town of Xiahe County, Gannan Tibetan Autonomous Prefecture, Gansu Province. From 2018 to 2019, the Lanzhou University and the Gansu Provincial Institute of Cultural Relics and Archaeology cooperatively excavated the entrance passage of the cave. Over ten thousands of stone products, animal bones, and fire-using use traces have been discovered throughout the 11 sq m excavation area. DNA evidence of the Denisovans was identified in the Late Pleistocene sediments. It is the first time that the Denisovans DNA has been found outside the Denisova Cave in Siberia. The earliest history of human activities on the Tibet Plateau has been extended from 160000 to 190000 BP, and the Denisovans might be active on the Tibet Plateau as late as 45000 BP. The excavation and research of the Baishiya Karst Cave Site embody great value for uncovering the history of early human activities on the Tibet Plateau, especially the Denisovans' temporal and spatial distribution, physical and genetic characteristics, cultural features, and high-altitude environmental adaptation strategies.

西藏噶尔
切热旧石器时代遗址

QIERE PALEOLITHIC SITE IN GAR, TIBET

切热遗址位于西藏自治区阿里地区噶尔县狮泉河镇，地处狮泉河（森格藏布）支流——朋曲南岸的山前冲积扇上，海拔约4300米，为一处地表散布大量打制石器且存在较多疑似火塘与灰堆的史前旷野遗址。2013年，西藏文物保护研究所与中国科学院古脊椎动物与古人类研究所共同组成西藏旧石器联合考古队，在西藏自治区系统开展旧石器遗址考古调查与发掘工作时发现了该遗址。2019年，联合考古队对切热遗址地表可见的个别火塘进行了解剖和试掘，确认地表可见的文化遗物出土于遗址地层堆积内，具有明确的层位关系。2020年8～9月，经国家文物局批准，联合考古队对切热遗址进行了正式考古发掘。

为了最大限度地了解遗址全貌，本次发掘在遗址核心区不同位置布设了4个探方（T4～T7），发掘面积68平方米。其中T5、T6的地层堆积连续，发现多处遗迹，出土大量动物骨骼和石器等；T4、T7的石器仅分布于地表，地层中未发现遗物或遗迹。

发掘工作严格遵循旧石器田野考古发掘规范并结合旧石器遗址的特点，以自然层为基础、在单个自然层内以5～10厘米为一水平层逐层进行清理。

对全部出土堆积进行筛选，以避免细小遗物的遗漏。过筛后的堆积物装袋收集，以备后续研究之用。探方内的各个层位均同步采集了炭样和光释光年代学样品以及孢粉、磁化率等古环境学样本，并对遗址进行了年代学序列的构建和高分辨率的古环境重建。

T5地层堆积明确，根据堆积特征及包含物，可以划分为6个自然层。探方内发现灰坑、疑似火塘等遗迹，出土遗物5000余件，以打制石器为主，另有少量动物骨骼和烧石。石器组合包括细石核、石核、细石叶、石片、工具、磨石等。细石核类型丰富、数量较多，除青藏高原常见的锥形细石核外，还出土了楔形细石核和船形细石核。船形细石核以石片或断块一类的片状毛坯为原料，台面与底缘均不经修理，石核两侧收窄，在其中一端连续剥制细石叶。石核矮小、细石叶疤细小，形制与华北地区发现的船形石核非常相似。这是在高原地区首次发现的船形石核，也是目前船形石核发现的最西端。工具多以石片为毛坯加工而成，类型有边刃刮削器、端刃刮削器、盘状刮削器、凹缺器等，均为精致加工产品。石料多为质地细腻的燧石、玛瑙和黑曜岩等优质原料，以及少量变质石英岩、变质泥岩等。T5底部为石器密集分布区，仅在第⑥层出土的遗

T5 磁化率平面扫描采样
Plane-sweeping Sampling of the Magnetic
Susceptibility of Excavation Unit T5

T5 北壁地层剖面
Stratigraphic Section of the Northern Wall of
Excavation Unit T5

T6 内疑似动物脚印及石器
Suspected Animal Footprints and Stone Implements in Excavation Unit T6

物就逾 2000 件，根据出土遗物的产状、类型和数量综合判断，该处应为古人类制作石器并被原地埋藏的遗迹。

　　T6 面积与 T5 相同，但地层较薄，包含 3 个自然层。地层中散布大片灰烬并有火塘等遗迹，出土遗物 500 余件，以石器为主，伴有少量动物骨骼。石器分为石片、石核、工具和零星细石叶产品，以尺寸较大的普通石片为主，石核和工具数量较少，工具多为简单修理的边刃刮削器。石料主要为质地较为粗糙的火山岩和石英岩，偶见燧石和黑曜岩。T6 第①、②层出土少量与 T5 相似的、以优质石料为原料的细石叶产品，未发现细石核。第③层密集分布遗物，绝大多数为石片技术产品。

　　根据石器技术特征和地貌位置判断，切热遗址的年代应为全新世早期，绝对年代的测定工作仍在进行中。T5 出土遗物的文化面貌为石片工业与细石叶工业的组合，以优质原料制作的细石叶产品占有很大比重；T6 出土遗物的主要技术特征为石片工业，原料粗糙、加工简单。T5 与 T6 出土遗物存在显著差异，有可能是两个不同时期的古人类遗留的文化产品。

　　切热遗址是我国西藏西部首批系统发掘的史前旷野遗址，它的发现将藏西地区的历史和文明向前推进至旧石器时代。该遗址和近年来在狮泉河流域发现的其他旧石器地点为研究该区域史前人群的来源、扩散、文化交流以及古环境对史前人群迁徙生存的影响等问题提供了更为丰富的证据，具有重要的历史价值。切热遗址是青藏高原腹地少见的具有明确地层堆积的史前早期人类活动遗址。目前青藏高原腹地史前遗址——尼阿底遗址（距今 4 万～3 万年）和卡若遗址（距今 5900～5500 年）之间存在着很长时段的空白，切热遗址的发现在西藏史前文化序列的建立上填补了关键性的一环，为研究该区域早期人类生存和迁徙提供了宝贵材料。切热遗址的石片工业与石片工业—细石叶工业组合的年代可为两种史前石器技术模式在青藏高原腹地的出现提供明确的时间节点，对于理解两种石器工业模式的分布、扩散与技术内涵具有重要意义，其中船形石核的出现为探讨早期高原人群的来源提供了重要线索。切热遗址的石器组合变化显示古人类在此地至少经历了两次反复的占领过程，这一发现对深入了解环境变化与石器技术革新对古人类适应高原过程的影响、驱动以及文化响应方式具有重要价值。

（供稿：张晓凌　谭韵瑶　何伟　王社江）

T6 内火塘
Hearth in Excavation Unit T6

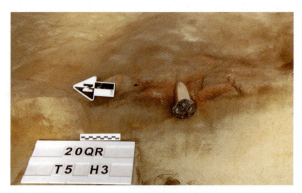

T5 内用火遗迹
Traces of Fire-using in Excavation Unit T5

T5 出土锥形细石核
Cone-shaped Fine Stone Core Unearthed from Excavation Unit T5

T5 出土楔形细石核
Wedge-shaped Fine Stone Core Unearthed from Excavation Unit T5

T6 出土石片石核
Stone Flake Core Unearthed from Excavation Unit T6

T5 出土船形细石核
Boat-shaped Fine Stone Core Unearthed from Excavation Unit T5

T5 出土盘状刮削器
Disk–shaped Scraper Unearthed from Excavation Unit T5

T5 出土石片
Stone Flake Unearthed from Excavation Unit T5

T5 底部石制品密集分布区
Densely Distributed Area of Stone Products at the Bottom of Excavation Unit T5

T6 出土石片
Stone Flake Unearthed from Excavation Unit T6

T6 出土石锤
Hammerstone Unearthed from Excavation Unit T6

The Qiere Site is located in Shiquanhe Town of Gar County, Ngari Prefecture, Tibet Autonomous Region. From August to September 2020, the Tibetan Cultural Relics Conservation Institute and the Institute of Vertebrate Paleontology and Paleoanthropology conducted a collaborative excavation and discovered traces of fire-using, a multitude of animal bones, and more than 5,000 chipped stone implements across the 68 sq m area. Stone implements included fine stone cores, fine stone blades, stone flakes, and tools; stone materials can be categorized into the high-quality flint-agate-obsidian group and the rough volcanic rock-quartzite group. The Qiere Site is the first systematically excavated prehistoric wilderness site in western Tibet and dated to the early Holocene. The excavation provides evidence for studies of the local prehistoric people's source, spread, and communication and the impact of the ancient environment on the migration and survival of prehistoric communities.

西藏日土
夏达错遗址

XARDAI CO SITE IN RUTOG, TIBET

夏达错遗址位于西藏自治区阿里地区日土县热角村，地理坐标为北纬 33°23′34.17″，东经 79°23′22.91″。遗址坐落于夏达错湖岸二级阶地上，为一处湖滨阶地遗址，海拔 4368 米。1992 年，霍巍、李永宪等在夏达错东北岸调查时发现灰黑色硅质岩石核、石片和石器；2019 年，四川大学考古队对夏达错遗址进行复查，在地表采集石器千余件，并在夏达错北岸布设 0.5 米 ×1 米探方进行试掘，发现了原生堆积。2020 年

7～8 月，经国家文物局批准，四川大学、西藏文物保护研究所在夏达错北岸进行了主动发掘，发掘面积 49 平方米，并在遗址周围进行了石料来源、地形地貌以及植物资源等调查。

本次发掘共清理遗迹 10 处，其中居址 1 座、烧石堆 5 处、踩踏面 2 处、灰堆 2 处。先布设 5 米 ×5 米探方一个，发掘面积 25 平方米，为厘清局部遗迹和堆积情况，后向东、北各扩方 2 米，扩方面积 24 平方米。发掘以 5 厘米为一水平层逐

地层堆积情况
Stratigraphic Accumulations in Situ

地层堆积情况
Stratigraphic Accumulations in Situ

层下挖，地层堆积最厚处近 1 米，可分为 4 个文化层。第①层为浅黄色粗沙土，土质松散，包含大量碎石，地表同时可见大量黑色硅质岩石器；第②a层为灰褐色细沙土，土质松软，包含少量炭屑以及较少石器、骨骼，出土 500 余件打制石器和 1 件磨制石针；第②b层为深黑褐色细沙土，土质较松软，包含较多炭屑、少量小石子以及大量打制石器、骨骼，该层为发掘区文化堆积最厚的一层，出土打制石器 700 余件、磨制石针 5 件，该层下有 2020RⅩF1、烧石堆、灰堆；第②c层为黑褐色粗沙土，土质较松软，包含大量炭屑、石子和较多石器、骨骼，出土打制石器 124 件，该层下有烧石堆、硬面和灰堆等遗迹；第③层为黄色粗沙土，土质松散，包含大量石子，该层下有硬面遗迹；第④层为黄色细沙土，土质松散，包含少量炭屑、石器和骨骼，出土打制石器 25 件。

遗址中用火现象明显。文化层中发现大量炭块、红烧土、烧石堆等遗存。烧石多为花岗岩和石英，除 2 件为石器外，其余均为岩石或断块。从烧灼程度看，多数岩石均被烧裂，以花岗岩烧裂程度最明显，多数已灼烧成颗粒状，其余有明显烟炱和裂痕。烧石堆多分布在 F1 范围内，应为当时人们有意识堆放。

遗址出土石器 1835 件，其中磨制石器 6 件、烧石 348 件、打制石器 1481 件。磨制石器均为磨制穿孔石针。打制石器包括石片石器和细石器两类，以石片石器为主。石片石器可以分为完整石片、不完整石片、石核、断块、残片、碎屑、使用石片、刮削器、凹缺器、两面器、砍砸器、尖状器、齿刃器等，圆刮器占有一定比例，弧刃刮削器、复刃刮削器、单刃刮削器数量也较多，石器二次加工痕迹连续且均匀。石器大小相差较大，既有小型刮削器、尖状器，也有较大的石片石器和两面器。细石器可分为完整石叶、不完整石叶、使用石叶、楔形细石核、柱状细石核、锥形细石核和其他细石核。石料较为多样，以灰黑色硅质岩为主，还有燧石、砂岩、白云岩、玛瑙、水晶、黑曜岩、花岗岩、石英、玄武岩、粗面岩、板岩等。石器加工方式多样，既有正向加工，也有反向加工、转向加工、交互加工等其他方式。石器多为硬锤打击而成，也有压制和软锤修整的情况。多以石片作为毛坯，亦有以断块、石核作为毛坯的情况。不完整石片和碎屑、断块、残片等在石器中所占比重较大，显示该遗址中长期存在石器加工和消耗行为。

遗址出土动物骨骼 1300 余件，以小型啮齿类动物为主，大型动物骨骼较少，此外还发现了木炭、动物粪便等。另外，还在遗址进行了

器物出土情况
Artifacts in Situ

植物考古和环境考古取样，共采集浮选样品 25 份、植硅石和孢粉样品 20 份、土壤微形态样本 3 份、光释光样本 5 份以及碳十四标本 221 份。

本年度的发掘情况显示，夏达错遗址是一处湖滨狩猎采集者的原生堆积遗址。遗址受到风蚀和水流作用影响较小，多为轻微风化、磨蚀。遗址中用火迹象明显，遗迹现象丰富，文化层堆积有一定厚度，石器和动物化石数量较多。磨制石针的密集发现、大量用火现象以及硬面和居址遗迹等表明该遗址为一处具有一定规模的狩猎采集人群长期生活和反复游居的营地遗址。石器中碎屑类占比较高和原料多样性反映了当时人们对于夏达错附近资源高度熟悉，有意识选择优质原料带回营地进行加工。

综合 2019 年调查测年数据和 2020 年发掘测年数据，基本可以确定夏达错遗址的年代为距今 8500～7500 年，属于西藏西部地区全新世大暖期阶段。这一时期因为气候和环境条件的改善，人类在青藏高原上的活动更为频繁。

本次发掘确认了夏达错遗址是目前西藏西部地区最早的狩猎采集遗址，揭示了青藏高原目前年代最早的营地遗址，出土了青藏高原最早的磨制石器，为研究西藏西部地区早期人类活动、高原的永久定居提供了重要证据，是近年来阿里地区考古的重大突破。夏达错遗址是世界为数不多的海拔较高的全新世人类活动遗迹，为喜马拉雅高山区域首次发现。该遗址以东亚地区常见的细石叶工业为主导，为中国境内目前已知的细石叶技术分布的最西缘，充分说明该时期西藏西部地区与中国中原地区已存在文化亲缘关系。

（供稿：吕红亮　夏格旺堆　赵振　陈云）

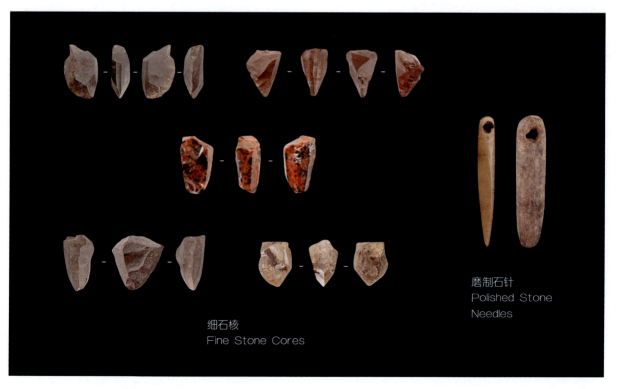

细石核
Fine Stone Cores

磨制石针
Polished Stone Needles

钻探发现的遗物和遗迹现象
Survey Discovered Artifacts and Feature Associations

钻探发现的地层堆积情况
Survey Discovered Stratigraphic Accumulations

烧石堆
Burned Stone Pile

烧石堆
Burned Stone Pile

硬面
Soil Crust

The Xardai Co Site is located in Rutog County, Ngari Prefecture, Tibet Autonomous Region, 4,368 m above sea level. In 2020, Sichuan University and the Tibetan Cultural Relics Conservation Institute jointly excavated an area of 49 sq m, discovered 10 historical remains, 1,835 stone implements, and more than 1,300 animal bones; confirmed that the Xardai Co was an 8500-7500 BP lakeside hunter-gatherer site. It is the earliest archaeological site found in western Tibet, providing significant evidence for the studies of early local human activities and the permanent settlement on the plateau. The site was dominated by the microlithic blade industry and is the westernmost edge of the microlithic technique distribution known in China, indicating a cultural affinity between western Tibet and China's Central Plains during that period.

西藏札达
格布赛鲁墓地

GEBUSAILU CEMETERY IN ZANDA, TIBET

格布赛鲁遗址是西藏自治区阿里地区象泉河中游流域一处包含地面建筑、洞窟和墓地的综合性遗址，墓地是该遗址的重要组成部分。格布赛鲁墓地位于札达县托林镇北11公里的桑达沟内，地处象泉河中游流域右岸一级支流桑达河谷，主要分布于南北长2000、东西宽300余米的山谷台地上。墓地以东西向山嘴为界，分为南、北两区，墓地和建筑遗存集中分布于北区。北区以南北向桑达沟为界，分为东、西两个台地，墓葬集中于东台地，西台地主要分布有地面建筑、洞窟群遗址。

格布赛鲁墓地于1999年被四川大学、西藏文物局联合考古队发现并确认。2004年，四川大学、西藏文物局联合考古队对墓地地表遗存进行了初步勘测，共确认墓葬71座；同年8~9月，为配合阿里地区地方志编写，陕西省考古研究所初步统计认为该墓地存在墓葬200余座。20世纪90年代以来，该墓地不断受到人为盗掘和自然破坏，2017~2020年，经国家文物局批准，西藏文物保护研究所联合陕西省考古研究院、西北大学文化遗产学院对该墓地北区进行了考古发掘。发掘面积约1453平方米，清理了墓葬21座、石构建筑遗迹3座、石墙3处、灰坑3个，出土石、陶、骨、铜、铁、木、玻璃、贝、皮等各类器物2500余件，收集人骨和动物骨骼标本1500余件，采集朽木、木炭、土样、作物种子等300余份。

北区东台地整体堆积东薄西厚，可分为3层。

第①层为较纯净的灰黄色细沙土堆积，夹杂少量沙砾及淤土；第②层为黄褐色沙土堆积，夹杂较多植物根系、小沙砾及淤土，出土陶片、碎骨、珠饰、细石器等；第③层为较纯净的灰白色淤土堆积。第②、③层遍布整个发掘区。

本次发掘共清理墓葬21座，其中竖穴土坑石室墓11座、竖穴土坑洞室墓8座、疑似竖穴土坑墓2座。格布赛鲁第一期文化石室墓因盗扰，其墓室上部已暴露于地表，打破第①~③层堆积；第二期文化石室墓和洞室墓开口于第①~③层下。

竖穴土坑石室墓平面分长椭圆形和长方形两种，边框为石头砌筑。根据有无头箱或耳室，可分为三种，无头箱者8座、有头箱者1座、有耳室者2座。按时代可分为早、晚两期，其中格布赛鲁第一期文化10座，埋藏较浅、墓室边框砌石较低；第二期文化1座，墓室边框砌石较高、规模较大，随葬铁器表现出晚期文化特征。竖穴土坑洞室墓根据洞室数量，分为单室洞室墓和双室洞室墓两种，各4座。双室洞室墓可分为两种形制，一种为墓道一端左右并排两个墓室，共3座；另一种为墓道两端各有一个墓室，平面呈哑铃形，共1座。疑似竖穴土坑墓共2座，平面呈圆形和不规则形。

葬式主要有二次捡骨葬、仰身直肢葬和侧身屈肢葬，二次捡骨葬为该墓地的主要葬式，个别存在烧骨现象。未发现葬具，但普遍存在殉牲现象。

　　墓地分为两期。第一期墓葬以埋藏较浅、规模较小（墓室长约2米）的石室墓为主，不见洞室墓和竖穴土坑墓，年代为距今3600～3000年。第二期墓葬以洞室墓为主，包含迄今所知象泉河流域所有洞室墓的形制，另有1座石室墓（残）和2座疑似的竖穴土坑墓，年代为距今2700～2100年。

　　随葬器物分为石、陶、骨、铜、铁、木、玻璃、贝、皮等不同材质。格布赛鲁第一期文化主要出土石器、陶器、骨器、铜器、玻璃珠、贝饰等。第二期文化不见标准的石器，主要出土陶器、铜器、铁器、木器、玻璃、玉髓、贝饰、皮等。陶器均以圜底器为主，有极少量的四足器和平底器。纹饰以绳纹为主，三角或者倒三角网格等刻划几何纹多饰于器物颈、肩交界处。

　　本次发掘还清理了石构建筑遗迹、围墙基址、护坡、灰坑等。石构建筑遗迹年代较早，与格布赛鲁第二期文化遗存年代一致。从地层堆积叠压关系判断，石构建筑遗迹之外的其他遗迹年代较

晚，与地表年代相当。

　　格布赛鲁墓地的发掘主要有两方面的意义。

　　第一，该遗址规模大、遗存类型多样、年代跨度长、文化内涵丰富，对于构建西藏史前区域考古学文化、探讨文化交流与传播等具有重要意义。石室墓、洞室墓、竖穴土坑墓出现于同一墓地，为探讨西藏史前墓葬形制的演变和发展提供了重要依据。第一期石室墓与西藏曲贡遗址早期遗存石室墓在年代、形制、规模上有许多共通之处，为探讨西藏石室墓的形成和来源提供了资料。第二期双室洞室墓是西藏迄今发现的最早的双室洞室墓，与此年代相近的有皮央遗址群第一期墓葬，其年代上限为公元前6世纪。这些墓葬的发现为探讨此类墓葬在象泉河流域的出现、区域考古学文化的形成具有重要价值。

　　第二，格布赛鲁墓地体现出考古学文化上的交流互鉴。格布赛鲁墓地第一期遗存出土青铜器均为西方冶金技术背景下形成的砷青铜，应为输入品，第二期遗存青铜器则为锡青铜；第一期墓

竖穴土坑石室墓
Vertical Earthen Shaft Stone Chamber Tomb

竖穴土坑洞室墓
Vertical Earthen Shaft Cave Tomb

石构建筑遗迹
Stone Structure Building Remains

葬出土的青稞为阿里地区目前发现的最早的青稞
种子,对研究该地区农作物的传播具有重要意义;
第二期晚段墓葬出土牛骨是迄今西藏所知最早的
黄牛材料,为探讨黄牛在青藏高原上的传播路线
等提供了实物资料。格布赛鲁第一期遗存出现的
彩陶、釉砂、青稞、砷青铜等与新疆、南亚次大
陆以及中亚地区存在密切联系,第二期遗存出现
的蚀花玛瑙珠(天珠)、陶四足器、玻璃珠等不
仅证明了来自中亚、南亚的文化元素在西藏西部
象泉河流域的输入,而且也说明了自公元前6世
纪以来逐步成为地方文化中心的象泉河中游流域
对于周边地区文化的深刻影响。

(供稿:夏格旺堆 德吉央宗 旦增白云 扎西次仁)

竖穴土坑洞室墓
Vertical Earthen Shaft Cave Tomb

铜凿
Bronze Chisel

铜柄
Bronze Handle

铜铃
Bronze Bell

铜饰件
Bronze Ornament

铜饰件
Bronze Ornament

珠串饰
Beads

缠丝玛瑙珠
Sardonyx Bead

铁镞
Iron Arrowhead

铁钩
Iron Hook

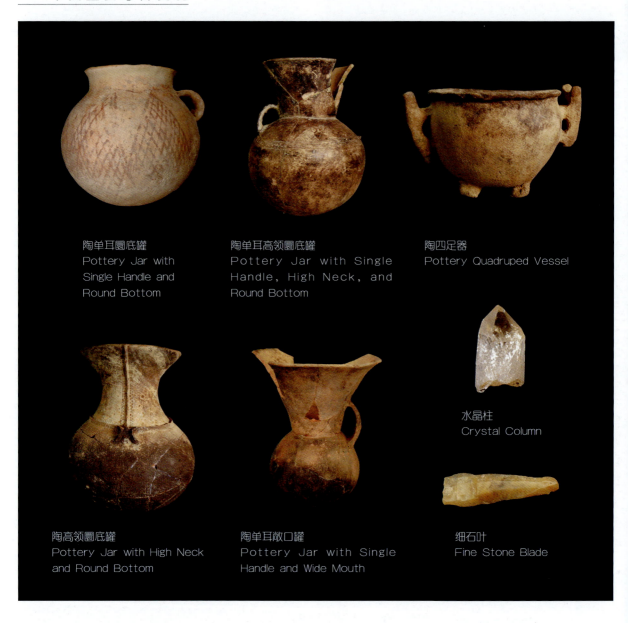

陶单耳圈底罐
Pottery Jar with
Single Handle and
Round Bottom

陶单耳高领圈底罐
Pottery Jar with Single
Handle, High Neck, and
Round Bottom

陶四足器
Pottery Quadruped Vessel

陶高领圈底罐
Pottery Jar with High Neck
and Round Bottom

陶单耳敞口罐
Pottery Jar with Single
Handle and Wide Mouth

水晶柱
Crystal Column

细石叶
Fine Stone Blade

The Gebusailu Cemetery is located in Tholing Town of Zanda County in Tibet Autonomous Region. From 2017 to 2020, the Tibetan Cultural Relics Conservation Institute and others carried out archaeological excavations in its Northern area. In the 1,453 sq m excavation area, archaeologists discovered 21 tombs, 3 stone architectural remains, and more than 2,500 artifacts of stone, ceramic, bone, bronze, iron, wood, glass, shell, and hide; collected more than 1,500 specimens of human and animal skeletons, and more than 300 pieces of deadwood, charcoal, soil sample, and grain seed.

Tombs have been classified into vertical earthen shaft stone chamber tombs, vertical earthen shaft cave tombs, and suspected vertical earthen shaft pit tombs; and have been chronologically divided into early phase (3600 to 3000 BP) and late phase (2700 to 2100 BP). The cemetery is large in scale, diverse in type, long in timespan, and rich in cultural connotation, thus holding great significance on the reconstruction of the Tibetan prehistoric regional archaeological culture as well as the discussion of the issues of cultural exchange and dissemination.

内蒙古清水河后城咀石城址 2020 年发掘收获

EXCAVATION RESULTS OF THE HOUCHENGZUI STONE CITY SITE IN QINGSHUIHE, INNER MONGOLIA IN 2020

后城咀石城址位于内蒙古呼和浩特市清水河县宏河镇后城咀村，地处浑河北岸的圆形台地上。城址东西长约 1200、南北宽约 1150 米，面积约 138 万平方米，由内城、外城、瓮城构成，是目前内蒙古中南部发现的等级最高、规模最大的龙山时代石城址。1990 年，为配合铁路建设，内蒙古文物考古研究所对石城址进行了第一次考古发掘，揭露了以庙底沟文化晚期、阿善三期文化为主要文化内涵的遗存；2004～2005 年，开展"浑河下游区域性考古调查"时，对其进行了全面的调查、测绘、航拍工作并进行了考古发掘，揭露了以龙山文化为主的房址、灰坑等遗迹，在靠近浑河河岸处发现了石构建筑；2010 年，对其开展无人机航测工作，通过高清影像图、3D 模拟图等，提出"内、外城"认识。2019 年，为推进"考古中国：河套地区史前聚落与社会研究"课题研

究，内蒙古文物考古研究所对该城址进行了主动性考古发掘，发掘面积 2000 余平方米，揭露城垣 2 段、壕沟 1 条、马面 2 个、台基 5 座、墙垛 4 处，出土少量陶器、玉器、石器、骨器等，初步掌握了后城咀石城址文化属性、城垣分布、空间结构、附属设施等。

2020 年 7～11 月，为了进一步厘清后城咀石城址"瓮城"的基本形态、辨明内蒙古中南部龙山石城核心聚落形态、了解石城的考古学文化内涵，内蒙古文物考古研究所河套项目组将后城咀石城址作为课题重点考古发掘项目，开展了持续性的主动考古发掘，发掘面积 1000 平方米。揭露墩台 2 个、马面 1 个、壕沟 2 段、城门 1 座、城垣 2 段、墙垛 2 处，出土陶、石、骨、玉等器物，基本厘清了瓮城的结构布局。

Q1（主城墙）位于发掘区南侧，分布于整个

2019 年发掘区全景
Full View of the Excavation Area in 2019

2020 年发掘区全景
Full View of the Excavation Area in 2020

城址，依地势而建，曲折蜿蜒，南至浑河，北至小伙盘村。总长约5000、宽3～5.7、残高0.8～1.2米。城墙由土墙和石墙构成，石墙位于土墙的中部，宽约1米，由石块层层垒筑而成，石块之间用碎石填充。土墙用黄土堆筑而成，紧贴石墙。

CM1（1号城门）位于发掘区西南侧、瓮城中南部，距MM1（1号马面）约16、距MM2（2号马面）约18米，城门墙体与主城墙（Q1）相连。城门平面呈长方形，南北长约15、东西宽9～11米。城门整体由两段石墙围筑而成，每段石墙长约14、宽约1.5、残高约0.3米。石墙为大块页岩层层错缝垒筑而成，所用石块较为规整，石块间以碎石填充，立面均平直、齐整。两侧石墙的南部拐角处建有墙垛，每个墙垛长1.7、宽1.5米，由黄土堆筑而成，皆与主城墙和城门石墙相接。城门两石墙间留有进城通道，平面呈长方形，笔直、宽阔，长16、宽2.7～3.6米。通道内踩踏面保存较好，存有多层，可能经过多次修缮，每层厚0.01～0.05米。通道最上层踩踏面经火烤，呈青灰色或砖红色。通道两侧分别建有宽约1.6、高约0.5米的土墙，保存较好。墙体平面均铺砌

一层厚约0.05米的石板，每侧各存6个柱洞，纵向排列，间隔约1米，柱洞内存有立柱残炭，大多可见木柱年轮纹理。土墙平面及立面皆以草拌泥抹面，经长期火烤，形成似烧结面的墙壁，颜色呈青灰色或砖红色，局部可见与通道踩踏面相接。通道踩踏面与土墙平面上存有大量木炭，木炭个体明显、纹理清晰，其宽度、长度以及木炭间相互交叉叠压情况清晰可见，个别木炭外部碳化，内芯还保存完好，从木炭分布及叠压等情况推断城门顶部原应有木质建筑。

MM2（2号马面）位于发掘区西南侧、瓮城西侧，凸出于东西向延伸的城垣，与主城墙垂直。马面平面近长方形，南北长约9、东西宽6～7米。马面三侧包砌石墙，东西两侧石墙与主城墙直接相接，宽1.3～1.6、残高1.3～2米。石墙多以大块页岩层层错缝垒筑而成，所用石块较为规整，石块之间以碎石填充，立面较为平直、齐整。石墙间没有接口，三面石墙应为一体建造。马面为空心，底部为一层黄花土硬面，其上残存大量木炭，个别保存较好，年轮、枝节纹理清晰，从木炭分布及叠压等情况推断马面顶部原应有木构建筑。

瓮城结构示意图
Diagram of the Barbican Structure

城门全景
Full View of the City Gate

城门通道残存木炭
Charcoal Remains in the Gate Passage

　　通过 2019 ~ 2020 年的考古发掘工作，明确了后城咀石城瓮城是中国北方地区已知最早的、具备完整防御体系的瓮城遗迹，瓮城内出土的长方形玉刀、陶几何纹敛口瓮、陶斝足、夹砂陶鬲等器物兼具阿善三期文化、老虎山文化和永兴店文化的多重特征，为研究内蒙古中南部地区史前考古学文化谱系，阐释阿善三期文化、老虎山文化、永兴店文化等地域文化类型之间的关系提供了新材料。

　　经过比对研究发现，后城咀石城壕沟间隔处形成进入瓮城的通道，通道两侧分立"阙"式建筑，与二里岗文化望京楼城址、偃师商城西门遗址相似；入城的直线型门洞式结构与辽宁北票康家屯城门相似。这与已发掘的石峁、下塔等同期石城存在明显差异，在河套地区龙山时代石城中也尚属首次发现，对于探索中原地区早期城址建筑特征、规划布局，印证河套地区龙山时代与中原夏商时期考古学文化之间的互融关系，探讨河套地区龙山时代石砌石城传播路径，明晰中原城防体系中的规制建筑具有极为重要的价值。

　　纵观内蒙古中南部已发现的龙山时期石城，

以后城咀石城为中心，周邻散布下塔、下脑包等次中心石城和一般性龙山时代遗址的社会聚落格局已初现端倪，聚落等级与社会阶层明显分化的群落层级体系特征明显。后城咀石城应属内蒙古中南部龙山时期文明的中心，在以石峁为核心的河套地区龙山时代石城体系布局中，表现出明显的地域核心特征，石峁—后城咀、白崖沟—下塔、碧村等河套地区"方国"国家框架基本形成。

　　　　　　（供稿：曹建恩　孙金松　党郁　李亚新）

玉刀
Jade Knife

柱洞内残存木炭
Charcoal Remains in Posthole

城门通道踩踏面
Walking Surface in the Gate Passage

城门内土墙经过火烤的草拌泥面
Earthen Wall of the City Gate with Fire-dried Clay and Straw Plaster Surface

马面 2
Wall-pier NO.2 (Horse Face/*mamian*)

主城墙
Main City Wall

瓮城城墙
Barbican Wall

壕沟
Trench

The Houchengzui Stone City Site is located in Houchengzui Village of Qingshuihe County in Hohhot, Inner Mongolia. The site comprises trenches, barbican, outer and inner cities; about 1,200 m long from east to west and 1,150 m wide from north to south, around 1.38 million sq m. It is the highest-rank and largest-scale Longshan-Era stone city site that has been found in the central and southern Inner Mongolia so far. From July to November 2020, the Inner Mongolia Institute of Cultural Relics and Archaeology excavated a 1,000 sq m area and uncovered two abutments, one wall-pier (horse face or *mamian*), two trenches, one gate, two wall sections, two wall buttresses, and ceramics, bones, jades, and other artifacts. The structural layout of the barbican has almost been clarified. This discovery provides materials for studying the relationship between archaeological cultures in the central and southern Inner Mongolia and between the Hetao Longshan Culture and the central plain Xia and Shang archaeological cultures.

山西襄汾陶寺遗址宫城内大型建筑基址（IFJT3）发掘收获

EXCAVATION RESULTS OF THE LARGE-SCALE ARCHITECTURAL FOUNDATION (IFJT3) IN THE PALACE CITY OF THE TAOSI SITE IN XIANGFEN, SHANXI

陶寺遗址位于山西省襄汾县陶寺村南。遗址功能分区明确，其中宫殿区作为一处大型都邑类遗址最为核心的功能区一直是学界关注的区域。2013～2017 年，中国社会科学院考古研究所与山西省考古研究所、临汾市文化和旅游局联合，持续对陶寺遗址疑似宫城城墙进行解剖发掘，历时 5 年，逐步确认了陶寺遗址近 13 万平方米宫城的存在，并较为全面地揭露了南东门址和东南拐角处的侧门。2018～2020 年的发掘工作重点是全面揭露宫城内面积最大的宫殿建筑（编号 IFJT3），取得了重要收获，初步厘清了其规模、范围、堆积情况、布局结构及年代等问题。

经发掘，确认了 IFJT3 内一座带有 3 排柱网结构的大型宫室建筑（编号 D1）的规模、结构及年代。该宫室建筑台体为典型夯土版筑，东西长约 26.8、南北宽 20.3 米，总面积 540 余平方米。台基仅余基础部分，之上残留有 3 排 18 个柱洞。柱洞直径约 0.4 米，柱坑多为圆形或椭圆形，直径 0.8～1.2 米。柱洞底部均有柱础石，部分础石周边填有石块用以加固。从柱网结构推测，该建筑规模为东西面阔七间，南北进深两间。D1 被数个陶寺文化晚期灰坑打破，夯土中多见陶寺文化中期陶片，初步判断其始建年代是陶寺文化中

期的可能性较大，废弃年代不晚于陶寺文化晚期偏早阶段，这一结果有待进一步发掘确认。

D1 以北也发现有夯土基础，被破坏严重，但基础非常明显，且残留有 3 个疑似柱础，已露出柱础石。值得注意的是，两个疑似柱础之间对应的南北距离约 11.5 米，与 D1 柱础南北间距基本相等。因此，此处是否存在宫室建筑还需进一步发掘确认。该疑似建筑基址东南边缘发现一处人头骨坑（编号 H235），坑内集中埋有 10 个人头骨及零星脊椎骨和肢骨，年代为陶寺文化晚期。

D1 以东约 1 米处发现了一座大型房址（编号 F37），与之东西并列。F37 平面呈长方形，东西长 10.85、南北宽 9.65 米。房址为地面建筑，带有围墙，墙宽 0.65～1 米，挖有深约 0.3 米的基槽，墙体残高 0.08～0.12 米，黄花土，较纯净。南墙中间开门，门道宽约 1.6 米。房址地面为烧烤地面，较为坚硬，并非常见的白灰皮地面。F37 建于 IFJT3 夯土基址之上，位于大型宫室建筑 D1 之东，并与之并列，因此年代应不晚于陶寺文化晚期，推测为陶寺文化中期始建，延续使用至陶寺文化晚期偏早阶段，其性质或功用特殊，可能为宫室建筑 D1 的附属建筑。

宫室建筑 D1 柱网结构
Column Grid of the Palatial Architecture D1

人头骨坑 H235
Human Skull Pit H235

F39
House Foundation F39

在 F37 的东南新发现一座小型房址（编号 F39）。F39 平面呈圆角方形，长约 7.2、宽 7 米，墙宽 1～1.2 米，门朝西。室内为白灰皮地面，中间位置见有方形灶面。F39 西北角放置有 7 块牛肢骨，室内地面之上发现一件铜器残片，

器形不辨。F39 与 F37 使用年代大体相同，F39 室内面积小，墙却较厚，门朝西，似乎有意朝向 F37。由发掘情况推测，F39 性质或功用特殊，可能也是宫室建筑 D1 的附属建筑，类似储藏室。

F39 以东新发现 4 个排列有序的柱洞，且与

D1 南排柱洞在同一条东西线上，具体不明，但线索重大，有待发掘。

更为重要的是，在 F39 以南又发现一座房址（编号 F40）。F40 平面呈圆角方形，部分还未发掘，残存有墙槽和部分室内地面，为常见的白灰皮地面，但铺设十分讲究，有明显的刻划与戳印装饰，确证了以往宫殿区灰坑中见到的装饰白灰皮为宫殿房屋建筑所有的推测。此外，白灰皮地面之上覆盖有一层较大面积且较薄的白灰皮，推测可能属于 F40 的墙面，倾倒后压在地坪之上。F40 建于 IFJT3 夯土基址之上，年代或与 F37、F39 大体同时。F40 东墙与 F39 东墙大体在同一南北线上，由此推测 F37、F39、F40 很可能是 D1 东部的一组附属建筑。

此外，F40 室内地面以上堆积中发现有鳄鱼骨板。以往鳄鱼骨板大多出土于墓葬中，房址废弃堆积中发现鳄鱼骨板在陶寺遗址尚属首例。

IFJT3 南部大体中间位置发现红黏土掺杂大量小石子遗迹，似为有意填垫土，在探方中露出南北长 10、东西宽 5～6 米，并向南延伸出探方。该遗迹被相接的夯土基址叠压。值得注意的是，该遗迹东侧的基址夯土明显向南扩展凸出，以内（北）的夯土块十分规整有序。因此，推测此处很可能是整个 IFJT3 南部出入口或门址所在。

此外，IFJT3 北部边缘部分也有所揭露发掘，发掘部分目前基本为陶寺文化晚期灰坑和填垫土，但值得注意的是，此处地势倾斜，台基明显高出。夯土基址的北边缘线应在此处，只是暂未露出，有待解剖确认。

与此同时，本次发掘工作进一步厘清了 IFJT3 的东边缘线和东南拐角，为全面认识其整体面貌打下了基础。发掘表明，IFJT3 东南拐角为弧形而非直角，其外或为生土，或为偏早的灰坑，其内为较为明显的夯土版块。

IFJT3 内还发现一些特殊遗物，如陶楔形器、圆陶片、箭杆整直器等，以及作为颜料的赭石等。F39 东南角室外夯土表面发现 1 件精美的石质研磨棒，其研磨面及周边有明显的红色颜料残留痕迹；F37 以东夯土中出土 1 件铜璧形器，十分罕见，为全国首例。

陶寺遗址宫城内大型夯土建筑基址的发掘意义重大。第一，进一步确认了宫城内面积近 8000 平方米的最大宫殿建筑 IFJT3 的存在，是迄今史前时期最大的夯土建筑基址。第二，该建筑基址之上发现有两座主殿、东侧附属建筑、中部庭院、东部疑似廊庑、南部门址等，结构复杂，布局规整，史前罕见，当为中国古代宫室形态的源头。第三，该建筑基址延续使用时间长，显示出特殊的功用，

F37
House Foundation F37

F39 室内白灰皮地面之上铜器残片出土情况
Copper Scrap on the White-gray-faced Ground of House Foundation F39 in Situ

或为"殿堂"一类建筑。第四,建筑基址之上的主殿 D1 是目前考古发现的新石器时代最大的单体夯土建筑。总之,陶寺遗址宫城内大型夯土建筑基址的发现与发掘,对于中华文明起源以及早期中国等重大课题的研究具有推动意义。目前,考古工作仍在进行中,一些认识还有待进一步的发掘确认。

(供稿:高江涛 何努 田建文)

F39 西北角牛肢骨出土情况
Bovine Limb Bones Unearthed in the Northwest Corner of House Foundation F39 in Situ

F40
House Foundation F40

F40 白灰皮地面上的三棱形戳印装饰
Triangular Stamped Decoration on the White-gray-faced Ground of House Foundation F40

箭杆整直器
Arrow Shaft Straightener

陶楔形器
Pottery Wedge-Shaped Ware

鳄鱼骨板
Crocodile Lamellae

铜璧形器
Bronze *Bi*-shaped Ware

IFJT3 东南拐角
Southeast Corner of IFJT3

IFJT3 疑似南门址
The Suspected Southern Gate of IFJT3

IFJT3 北边缘
North Edge of IFJT3

IFJT3 南门址以北夯土块
Rammed Earth Blocks in the North of IFJT3's Southern Gate

From 2018 to 2020, the Institute of Archaeology, Chinese Academy of Social Sciences, and other institutions conducted continuous excavations to the largest palatial architectural remains IFJT3 in the Palace City of the Taosi Site in Xiangfen County, Shanxi Province. The work preliminarily clarified IFJT3's age, scale, extent, layout, and accumulations. Two main halls, annexes and a suspected corridor on the east side, the central courtyard, and the southern gate have been identified on the architectural base. The structure is complex, and the layout is regular. The main hall D1 is the largest freestanding Neolithic rammed-earth architecture that has been found so far. The discovery and excavation of IFJT3 play a significant role in the thematics of the origin of Chinese civilization and early China.

浙江余姚
井头山新石器时代遗址

JINGTOUSHAN NEOLITHIC SITE IN YUYAO, ZHEJIANG

井头山遗址位于浙江省余姚市三七市镇三七市村，临近河姆渡、田螺山遗址，地处杭州湾南岸的四明山脉脚下与姚江河谷平原的交接地带，地面海拔仅 2 米余，其西北侧有海拔 72 米的井头山，中心地理坐标为北纬 30.03°，东经 121.36°。遗址发现于 2013 年，总面积约 20000 平方米，是继河姆渡遗址发现近 50 年以来，在余姚发现的又一处极为重要的新石器时代遗址。2018 年，根据该遗址文化堆积的超大埋深（距现地表 5～10 米）和被海相沉积覆盖的低海拔埋藏环境（-8～-3 米）的空前特殊性，发掘前由工程部门建设一个围护发掘区的钢结构基坑用于保障发掘工作过程的安全。2019 年 9 月至 2020 年 8 月，浙江省文物考古研究所联合宁波市文化遗产管理研究院和余姚市河姆渡遗址博物馆对井头山遗址进行了发掘，揭露面积 750 平方米。

发掘情况表明，遗址文化堆积之上被 5～8 米厚的海相沉积覆盖，总体顺地下小山岗的坡势由西向东倾斜，堆积最高超过 2 米，分 12 小层（编号第⑨～⑳层），最东侧的文化层逐渐变薄直至进入滩涂消失，最深处距地表约 10 米，各类零散遗物夹杂在黏软的滩涂淤泥之中。

本次发掘揭露了露天烧火坑、食物储藏处理坑、生活器具加工制作区等聚落生活遗迹。其中，食物储藏处理坑 20 余个，它们少量保存有满坑的麻栎果、橡子等带壳野果，多数是在底部残留有完整的麻栎果或橡子。

出土遗物按性质可分为两大类。

其一，人工利用后废弃的大量动植物、矿物遗存。动物遗存中最多的是当时先民食用后丢弃

的数量巨大的各种海生贝类壳体，主要种类有泥蚶、海螺、牡蛎、蛏子、蛤蜊等 5 大类，以及胶结在小块礁石上的很多牡蛎壳；其次是各类渔猎动物骨骼，以鹿科动物为主，也有部分野猪、水牛、狗、水獭等，另有海鱼的脊椎骨、牙齿、耳石等。植物遗存主要为碎木块、木棍、木条、木炭块等木头遗存，以及储藏坑中的橡子、麻栎果等可食用的干果遗存和桃核、麻栎果壳、橡子壳、松果、灵芝块及少量炭化米粒、水稻小穗轴等，另有漆树、黄连木、猕猴桃、紫苏、灰菜等木本、草本植物的果实遗存；此外，还有一些用于制作编织物、绳子的原料，如芦苇杆、芒草杆的叶子和麻类纤维等，在陶釜支脚的胎土中还可分辨较多稻谷壳碎片印痕。

其二，人工制品，包括陶器、石器、骨器、贝器、木器、编织物等，共 300 余件。陶器，以陶片为主，大多碎小，初步整理后已修复 10 余件，可辨器形有釜、敞口盆、圈足盘、钵、碗、小杯、深腹罐、釜支脚、陶拍、纺轮、器盖、埙、小碗等；陶质以夹砂陶为主，还有夹炭陶及少量夹细砂陶、夹贝壳碎屑陶等，陶胎色以红褐色、灰褐色为主，陶胎厚薄不均，用泥条叠筑加拍打成型，炊器内壁均有明显的拍打凹窝，烧制火候应不高，器形多较规整，部分有贴塑特征，无明显慢轮修整技术；纹饰有绳纹、浅方格纹、横向篮纹、麻窝纹、压印锯齿纹、蚶齿戳印纹等，部分器表装饰红衣或黑衣，并有少量简单图案的彩陶。石器，器形有斧、锛、锤、凿、镞、砺石、磨盘、圆盘状垫饼（砧）等 30 余件，其中斧横截面呈椭圆形，多数磨制较规整且光滑，与较晚的河姆渡文化石

遗址远景（南—北）
Distant View of the Site (S–N)

填埋废木料的灰坑（H25）
Landfill Pit (H25) of Waste Woods

麻栎果储藏坑
Storage Pit of Sawtooth Oak Acorns

用芦苇编织的背篓
Woven Reed Back Basket

以贝壳为主要包含物的文化堆积
Cultural Accumulation with Shells as Main Components

密集木头遗存出土情况
Dense Wood Remains in Situ

发掘结束时的发掘区
Excavation Area at the End of the Excavation

斧在石料、器形、加工工艺上有明显区别。骨器，数量较多，已登记件数超过100件，器形丰富，有镞、鹿角锥、鳔、凿、针、匙、珠、笄、哨等，加工工艺较简单。贝器主要是用大型牡蛎壳加工磨制而成，包括耜、铲、刀等，共出土数十件，这类器物在浙江考古史上为首次发现，主要功能应与河姆渡文化的骨耜相近。木器，数量亦较丰富，大多保存较好，加工程度不一，器形有桨、木柄、带销钉器、矛形器、点种棒、双尖头棍、单尖头棍、杵、碗、扁担形器、绕线板等，其中数量最多、加工最特殊的是刀形带挖凿规整椭圆形卯孔的木柄，推测其应是与石斧组合拼装使用的，为当时最常用的木工工具。编织物，共10余件，用芦苇、芒草和竹子等编织而成，包括席、篮、筐、背篓、鱼罩、扇等，还有一团似渔网残块，用粗约0.2厘米的麻类绳子交织而成。

本次对井头山遗址的发掘取得了重要收获，主要包括以下几个方面。

首先，井头山遗址是浙江省乃至长三角地区的首个贝丘遗址，也是中国沿海埋藏最深、年代最早的典型海岸贝丘遗址（2014～2019年，从遗址文化层选取样品进行了多次 ^{14}C 测年，已有超过30个数据显示遗址年代为距今8300～7800年，早于河姆渡文化约1000年），突破了以往对我国沿海地区史前遗址时空框架及其分布规律的认识，表明余姚、宁波乃至浙江沿海地区是中国海洋文化的重要源头区域。

其次，遗址出土遗物及遗址所处地理环境均表明河姆渡文化直接来源于宁波沿海地区，由此将余姚和宁波的人文历史源头在河姆渡文化基础上向前推进了约1000年，是宁波历史轴线的极大延伸。

第三，遗址出土遗物具有鲜明的自身文化特征。陶器器形以釜类圜底器为主，圈足器较少，不见三足器，与河姆渡文化陶器在基本器形和小耳状、鸡冠耳状錾等细部装饰方面有一定的相似性，但两者之间的差异更为明显；陶器纹饰以绳纹为主，方格纹较少，并有一定数量的红彩（衣）和黑衣。生业方式以海产捕捞为主，兼有采集和狩猎，以及早期稻作农业。

第四，井头山遗址为研究全新世早中期中国东南沿海地区社会生产、生活状态与自然环境的相互关系及南岛语族起源等重大学术问题提供了全新的视角和难得的案例，也为全新世早中期海岸环境和海平面上升过程树立了精确的时空坐标，对今后中国沿海地区史前考古的探索方法具有启迪意义，是中国新石器时代考古，特别是海洋考古、全新世海洋环境变迁研究的一项重大突破。

第五，本次对井头山遗址的发掘，与南海1号沉船及四川江口沉银遗址的发掘，已成为我国针对不同环境条件特殊对象开展考古发掘的三个经典范例，在国内沿海环境下的史前遗址考古中具有首创意义。

（供稿：孙国平　王永磊　梅术文　黄渭金）

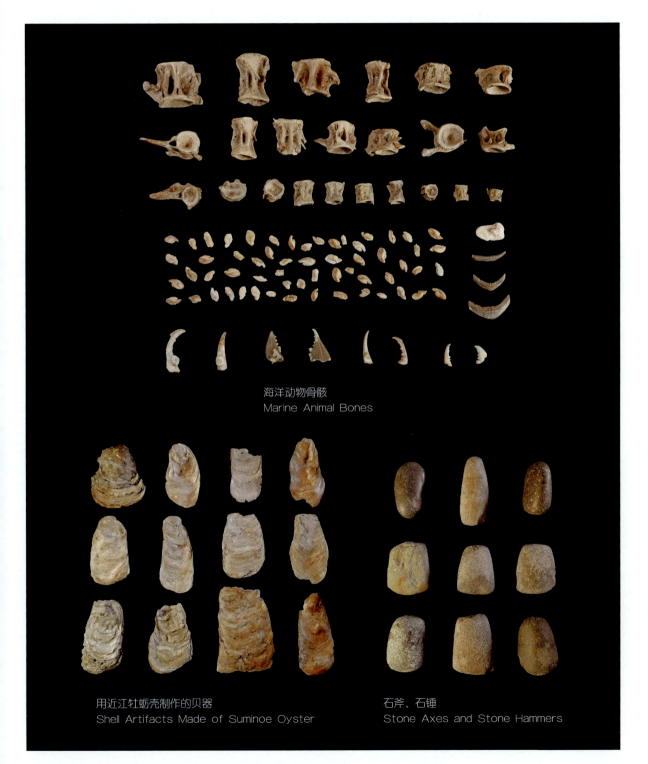

海洋动物骨骸
Marine Animal Bones

用近江牡蛎壳制作的贝器
Shell Artifacts Made of Suminoe Oyster

石斧、石锤
Stone Axes and Stone Hammers

海洋软体动物贝壳
Marine Mollusk Shells

残存鹿角的鹿头骨
Deer Skulls with Antlers

骨器组合
Assemblage of Bone Artifacts

木器组合
Assemblage of Wooden Artifacts

主要陶器组合
Main Pottery Assemblage

绳纹陶釜
String Pattern Pottery
Fu-cauldron

木碗
Wooden Bowl

木桨
Wooden Paddle

Jingtoushan Site is located in Sanqishi Town of Yuyao City in Zhejiang Province, next to the Hemudu Site. It was discovered in 2013, covering a total area of about 20,000 sq m. From September 2019 to August 2020, the Zhejiang Provincial Institute of Cultural Relics and Archaeology and other institutions excavated the site and revealed 750 sq m. The thickest part of the cultural layer is more than 2 m. Archaeologists discovered settlement remains such as outdoor fire pits, food storage pits, utensils processing and production areas; unearthed more than 400 artifacts of ceramic, stone, bone, shell, wood, and woven fabrics, as well as abundant aquatic animals, terrestrial plants, and mineral remains. Jingtoushan Site is the first shell mound site unearthed in Zhejiang Province and the Yangtze Delta, also the deepest and earliest (8300 - 7800 BP) coastal shell mound site in China's coastal regions. It provides significant evidence for studies such as Chinese Neolithic archaeology, maritime archaeology, and marine environmental evolution in the Holocene.

浙江余姚施岙遗址古稻田 2020 年发掘收获

EXCAVATION RESULTS OF THE ANCIENT PADDY FIELDS AT THE SHI'AO SITE IN YUYAO, ZHEJIANG IN 2020

施岙遗址古稻田位于浙江省余姚市三七市镇相岙村施岙自然村西侧山谷中，中心地理坐标为北纬30°01′39″，东经121°22′31″，海拔1.4～4.2米，东南距田螺山遗址约400米。经先期勘探发现，遗址史前古稻田堆积分布面积约8万平方米。为充分了解这一区域史前时期古稻田的形态结构和稻作生产模式，并为后期建设规划提供文物保护依据，

2020年9月起，经国家文物局批准，浙江省文物考古研究所联合宁波市文化遗产管理研究院、余姚市河姆渡遗址博物馆对遗址进行了发掘，发现史前三个时期的大规模稻田，对河姆渡文化早期、晚期及良渚文化时期稻田的结构有了一定认识。

古稻田区域虽然面积广大，但整体地层较为一致，由地表至早于河姆渡文化早期稻田层的生土淤泥层，总体可分12层。第①层，近现代耕土层；

第②层，汉代及以后灰黄色粉质黏土层；第③层，商周时期深灰色粉质黏土层；第④层，灰黄色自然淤积层；第⑤层，灰黑色泥炭层，局部区域发现残留的树桩、树根；第⑥层，良渚文化时期灰褐色稻田层；第⑦层，浅灰色淤泥层，间歇层；第⑧层，河姆渡文化晚期深灰褐色稻田层；第⑨层，青灰色自然淤积层；第⑩层，灰黑色泥炭层；第⑪层，河姆渡文化早期深灰褐色稻田层；第⑫层，灰褐色泥炭层，有层理，南部区域此层缺失。河姆渡文化早期、晚期及良渚文化稻田层之间均有自然淤积层间隔。

目前发掘已揭露三个时期的大面积规整块状稻田，基本了解了良渚文化及河姆渡文化晚期稻田的总体结构，河姆渡文化早期稻田仅进行了局部解剖，尚待进一步工作。另外，在古稻田西南角山边发现有一处小型商周时期聚落遗址。古稻田遗址中共采集 8 个植物样品由美国 Beta 实验室测定 ^{14}C 年代，其中每期稻田各检测 2 个，第⑩层和第⑤层泥炭层各检测 1 个。

第一期稻田属于河姆渡文化早期（公元前 4700 ～前 4500 年），仅在南部和北部三条探沟中揭露部分，为堆积比较平整的稻田，发现极少量陶片。南部 TG2 中发现一条疑似的东西向凸起田埂。

第二期稻田属于河姆渡文化晚期（相当于崧泽文化阶段，公元前 3700 ～前 3300 年），发现了 7 条宽 0.3 ～ 1 米的东西向人工田埂和 3 条人工修整过的南北向自然原生土田埂，另在东部区域发现河沟 1 条、在 TG5 路 16 北侧发现水沟 1 条。南北向原生土田埂分布在两侧靠山区域，西区南部揭露的两条呈弯曲状，大致平行。东西向田埂笔直，基本纵贯东西，长 100 米以上，间距 20 ～ 45 米。多数田埂凸起，由稻田土堆积而成，部分田埂与稻田层基本相平，铺垫有木头或竹子。如路 33，不同区域结构不同，在 TG9 中为凸起的田埂，在 TG17 中解剖的部分由两排东西走向的竖木桩和铺垫的东西向横木构成，在 TG21 东端则由平行的细竹子铺垫而成。稻田堆积中出土遗物较少，仅发现极少量陶片，器形有绳纹釜、豆等。

第三期稻田属于良渚文化时期（公元前 2900 ～前 2500 年），发现了由纵横交错的凸起田埂组成的"井"字形结构，明确的田埂（局部区域铺

TG2T1917 处西壁地层堆积
Stratigraphic Accumulation of the Western Wall of TG2T1917

第一期稻田层（最下部黑色土层）
Paddy Fields (Period I) (The Black Soil Layer at the Very Bottom)

TG11 第二期稻田路 3
TG11-Paddy Field Road 3 (Period II)

第二期稻田道路系统（上为北）
The Paddy Field-Road System (Period Ⅱ) (North-up)

垫木头、竹子）有 22 条，长 20 ～ 200、宽 1 ～ 4 米，间距 15 ～ 40 米。部分田埂中间有缺口，为灌排水口，目前发现 8 处。绝大多数田埂由稻田土堆成，个别田埂铺垫了有意运来的不同于稻田堆积的堆土。靠近两侧山体的位置，地势升高，田埂往往变得不明显，并未直接延伸到山坡脚，而是在这些区域有意铺垫东西向的木头和竹子作为道路。目前发现，明确的四块田块面积分别约为 750、700、1900、1300 平方米。水稻田堆积中出土遗物极少，仅发现极少量鱼鳍形鼎足、平底罐底、泥质黑皮陶片、泥质橙黄陶片等。路 12 东端堆土中发现一条残独木舟，船头、船尾均残缺，残长 5.6、最宽 0.8、最厚约 0.03 米，当为独木舟废弃后被用作了田埂中的垫木。

经检测，水稻田堆积中含有水稻小穗轴、颖壳、水稻田伴生杂草等遗存。植硅体分析结果显示，稻田堆积中水稻植硅体密度在 1 万 ～ 2 万粒／克，远高于一般认定的土壤中含水稻植硅

体超过 5000 粒／克即可判定为水稻田的标准。稻田结构和植物考古分析结果是施岙遗址为古稻田的充分证据。

不同时期古稻田之间普遍有自然淤积层间隔。河姆渡文化早期地层之上的泥炭层，绝对年代约为公元前 4450 ～ 前 4300 年。良渚晚期稻田之上是一层属于钱山漾文化时期的泥炭层，绝对年代约为公元前 2500 ～ 前 2300 年。此层泥炭层上发现了较多树根残留，表明当时除长满杂草外，还生长了很多树木，经鉴定的 3 棵为柳树。

本次发掘取得的重要收获主要为以下四方面。

第一，施岙遗址古稻田是目前世界上发现的面积最大、年代最早、证据最充分的大规模稻田，是史前考古的重大发现。初步钻探表明，附近古稻田总面积约 90 万平方米。古稻田包括河姆渡文化早期、晚期及良渚文化三个时期，约从距今 7000 年一直延续到距今 4500 年。根据姚江河谷

发掘区西南角第二期稻田（上为北）
Paddy Fields at the Southwest Corner of the Excavation Area (Period Ⅱ) (North-up)

TG17 第二期稻田路 33
TG17-Paddy Field Road 33 (Period Ⅱ)

TG21 第二期稻田路 33
TG21-Paddy Field Road 33 (Period Ⅱ)

第三期稻田路11与路14交汇处（北—南）
Intersection of Paddy Field Road 11 and Road 14 (Period Ⅲ) (N-S)

TG2第三期稻田路12中铺垫的木头和竹子
TG2-Woods and Bamboos Paved on Paddy Field Road 12 (Period Ⅲ)

调查勘探和宁波地区考古发掘成果来看，这一区域（山前平原地带）普遍存在古稻田层，而这一地区得天独厚的保存条件，为完整保存古代农耕遗迹创造了条件。

第二，就目前发现来看，施岙遗址古稻田特别是良渚文化时期的稻田呈"井"字形，由路网（阡陌）和灌溉系统组成，展示了较为完善的稻田系统。这种大规模稻田起源年代可能早至距今6500年之前，延续发展，刷新了学术界对史前稻田和稻作农业发展的认识。

第三，施岙遗址古稻田附近的田螺山遗址发现了大量的炭化稻米，且周边共发现5处史前遗址，为一小的聚落群。这一聚落群内，目前确定田螺山遗址年代最早，可早到河姆渡文化早期，

其余4处初步确定能早到河姆渡文化三期，表明当时社会已发展到较高程度，人口数量较河姆渡文化早期明显增多。此次古稻田的发现，表明稻作农业是河姆渡文化到良渚文化社会发展的重要经济支撑，是养活众多人口的主要食物增长点，为全面深入研究长江下游地区史前社会经济发展和文明进程提供了极其重要的材料。

第四，施岙遗址古稻田还发现了古稻田堆积与自然淤积层的间隔，反映了距今7000年以来发生了多次波动比较大的环境事件，为研究人地关系提供了新材料。河姆渡文化早期和良渚文化时期稻田层之上发育泥炭层，为研究河姆渡文化与良渚文化的发展转变提供了环境方面的证据。

（供稿：王永磊　郑云飞　宋姝　张依欣）

发掘区东区北部第三期稻田田块
Paddy Field Blocks (Period III) in the North of the Eastern Excavation Area

第三期稻田路9与路14交汇处的灌排水口（上为北）
Irrigation Outlet at the Intersection of Paddy Field Road 9 and Road 14 (Period III) (North–up)

TG21 第三期稻田路 12 东端出土的残独木舟
TG21–Dilapidated Canoe Unearthed from the East End of Paddy Field Road 12 (Period III)

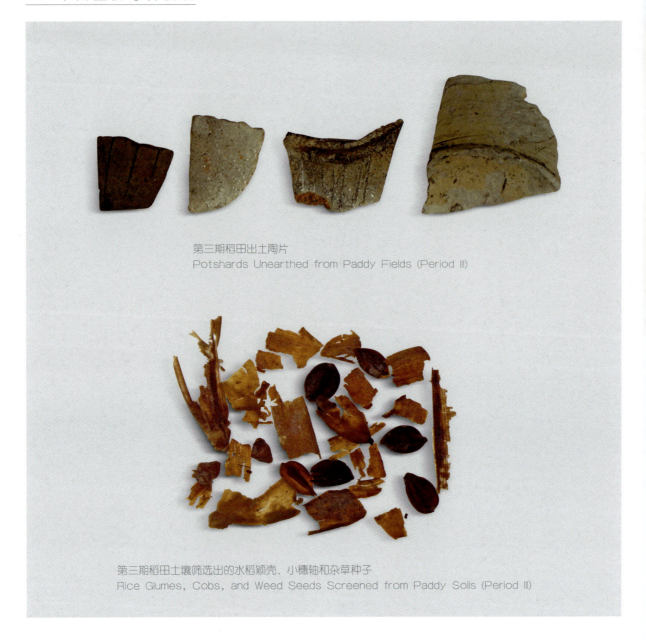

第三期稻田出土陶片
Potshards Unearthed from Paddy Fields (Period Ⅲ)

第三期稻田土壤筛选出的水稻颖壳、小穗轴和杂草种子
Rice Glumes, Cobs, and Weed Seeds Screened from Paddy Soils (Period Ⅲ)

The ancient paddy fields at the Shi'ao Site are located in Xiang'ao Village of Sanqishi Town in Yuyao City, Zhejiang Province, and in the valley of west Shi'ao Natural Village, about 400 m northwest from the Tianluoshan Site. Pre-investigation found the prehistoric paddy fields covering an area of approximately 80,000 sq m. From September 2020, the Zhejiang Provincial Institute of Cultural Relics and Archaeology and other institutions excavated the site and uncovered large areas of paddy fields with organized patterns that belonged to three archaeological periods: the early (4700 BCE-4500 BCE) and late (3700 BCE-3300 BCE) Hemudu Culture, and the Liangzhu Culture (2900 BCE-2500 BCE). Each period was separated by natural-formed siltation layers. The ancient paddy fields at the Shi'ao Site are the largest, earliest, and most fully-evidence large-scale ancient paddy fields found in the world so far. It is a significant discovery in prehistoric archaeology and provides new materials for studying the man-land relationship.

河南巩义
双槐树遗址

SHUANGHUAISHU SITE IN GONGYI, HENAN

双槐树遗址位于河南省巩义市河洛镇双槐树村村南的高台地上，北距黄河南岸 2 公里，西距伊洛河 4 公里，地处黄土高原东部边缘区域，以第四纪黄土沉积物为主，遗址分布区地貌自南向北逐渐升高，核心区基本位于遗址北部地势较高处。

遗址发现于 1984 年。2013～2020 年，郑州市文物考古研究院与中国社会科学院考古研究所等单位对遗址本体及其相邻区域多次展开调查勘探与发掘工作。经勘探确认，遗址东西长约 1500、南北宽约 780 米，现存面积达 117 万平方米。

遗址内发现有仰韶文化中晚期阶段三重大型环壕、大型中心居址、具有最早瓮城结构的围墙、大型夯土建筑基址群、大型版筑遗迹，以及经过严格规划的大型公共墓地 4 处、夯土祭坛、房址、灰坑、人祭坑及兽骨坑等遗迹，出土了丰富的仰韶文化时期遗物，其中彩陶和与丝绸起源有重要关联的最早家蚕牙雕艺术品等极为重要。

环壕，共 3 条。壕沟内均有对外通道。内壕周长约 1000、上口宽 6～15、深 4.5～6.15 米，发现有疑似吊桥的内壕出口遗迹。中壕周长逾 1500、上口宽 23～32、深 9.5～10 米，其北部发现有宽达 10 米的道路出口。外壕残存周长逾 1600、上口宽 13.5～17.2、深 8.3～10.5 米。三重环壕分别通过木桥和实土的门道与外界相连。在外壕的东南、西南分别发现外壕出口的

道路各 1 条。从目前局部解剖判断，内壕和中壕始建于遗址二期，外壕始建于遗址三期，三条壕沟到遗址四期偏晚阶段逐渐变平。

中心居址区，位于内壕内的北部。在居址区南部修建有两道围墙，与北部内壕合围形成封闭的半月形结构，面积达 18000 平方米。墙上门道缺口错位明显，形成典型的"瓮城"结构。在发掘的中心居址区约 1/10 的范围内，发现有巷道相通的大型房址，布局密集。第④层下目前揭露房址 4 排，由南向北第一排为 F36、F13、F20，第二排为 F12、F11，第三排为 F10，第四排为 F40。其中，位置居中、面积最大的 F12，面积达 202 平方米，在其中心房屋夯土中有一完整的麋鹿骨架，另在其基址主体东南和整个回廊中发现有意埋藏的陶器 9 件；F13 东北部室外活动面发现兽牙蚕雕 1 件。初步判断该组房址时代为遗址三期。第③层下揭

外壕剖面
Stratigraphic Section of the Outer Trench

43

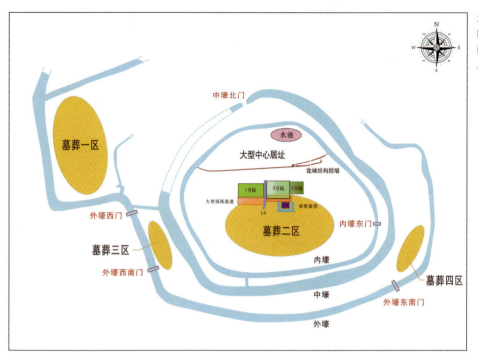

遗址功能区遗迹分布示意图
Distribution of Remains in the Site's Functional Area

露房址 2 排，其中 F38、F39 呈东西对称分布，F9 位于其北侧，绝大部分保存较好，年代为遗址四期早段。第②层下目前发现房址 1 座（F34），年代为龙山文化早期。

大型夯土建筑群基址，位于内壕中部、中心居址区以南。夯土基址东西长 127、南北宽 41 米，总面积约 5300 平方米（包括大型版筑遗迹）。基址采用版筑法夯筑而成，破坏较为严重，保存较好的西北部夯土区夯土残高约 1.9 米。主体建筑以道路为界，分为东、西两区。较明确的有三处大型院落，其中一、二号院落布局较为清晰，从现场门道及建筑保存情况分析，两座院落均为高台式建筑。

一号院落位于夯土基址西半部，年代为遗址三期。平面呈长方形，东西长 53.1、南北宽 25.15 米，面积 1300 余平方米。院落院墙基槽内填土经过夯打处理。在院墙的南墙偏东位置发现有主门道，门道有对称的柱子，并有台阶迹象。门道东侧发现门墩 1 处。一号院落主体建筑 F76 位于其北部，面积约 308 平方米，是一座多开间的大型建筑。院落南墙外还发现大型的活动面广场 800 余平方米。

二号院落位于夯土基址东半部，年代为遗址四期早段。平面呈长方形，东西长 46、南北宽 33 米，

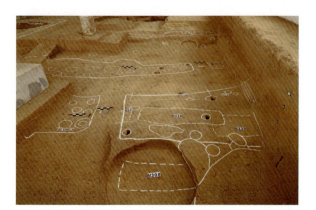

中心居址区南部"瓮城"结构（南—北）
Structure of the "Barbican" in the South of the Central Residential Compounds (S-N)

F12 内麋鹿骨架出土情况（南—北）
Elk Bones Unearthed from House Foundation F12 in Situ (S-N)

面积 1500 余平方米。二号院落院墙仅残存基槽部分，夯筑而成，宽 1 ~ 2.2 米，院墙转角处基槽经过加宽处理。此院落北墙上发现系列雉堞式扶壁柱和扶壁墙迹象，并发现门道 3 处。一号门道在南墙偏东位置，总宽约 3.7 米，被方形门柱分为 3 道，门外东侧发现门塾 1 处。二号门道位于院落东北角，宽约 1.7 米，门外也发现门塾 1 处。三号门道位于北墙近中部，宽约 0.6 米。此院落内有复杂的建筑。

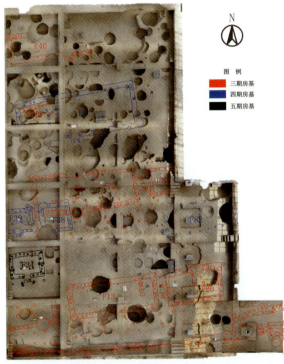

中心居址区排状房屋
Row Houses in the Central Residential Compounds

三号院落叠压于二号院落之下，已暴露部分北墙长 79、南墙长 30 米，南北墙之间间距约 25 米。

大型版筑遗迹，位于夯土基址区南部、一号院落南部。平面呈长方形，目前暴露部分东西长 53.5、南北宽 13 米。南北分为 13 版夯打，部分夯面及夯窝痕迹明显。从局部解剖来看，此版筑遗迹叠压一号院落的南墙基槽及墙外活动面。

勘探确认双槐树遗址共有 1700 余座仰韶文化时期的墓葬，分布在遗址西北部（墓葬一区）、内壕内侧（墓葬二区）、外壕与中壕西南部之间（墓葬三区）、外壕与中壕东南部之间（墓葬四区）。墓葬均成排分布，其中墓葬一区布局规整，排与排间距 15 ~ 18 米。经发掘，墓葬均为东西向，墓主仰身直肢，头向西，基本不见随葬器物。这批墓葬是目前已知黄河流域仰韶文化中晚期规模最大、布局结构最完整、最具规划性的墓葬区。

此外，遗址内还发现与墓地祭祀相关的夯土祭台遗迹 3 处（墓葬一区 1 处、墓葬二区 2 处）。目前发掘 1 处，位于墓葬二区，破坏较为严重，仅存底部，平面呈圆角长方形，上口东西长 19、南北宽 13.1 米，底东西长 18.5、南北宽 12.5 米，剖面近倒梯形，高 0.5 ~ 0.6 米。祭坛用土纯净，系红褐色黏土版筑夯打而成，夯层厚 0.08 ~ 0.11 米。所有墓葬在祭台附近不再直线分布，而是有意拐折避让。

双槐树遗址文化堆积厚，遗迹间叠压打破关系复杂，经初步研究，遗址文化遗存可分为五期七段。第一期为裴李岗文化时期，第二期相当于大河村二期偏晚阶段（即庙底沟类型晚段），第

一号院落门道和门塾
Doorway and Menshu (Rest and Repose Rooms on the Two Sides of the Main Gate) of the Courtyard No.1

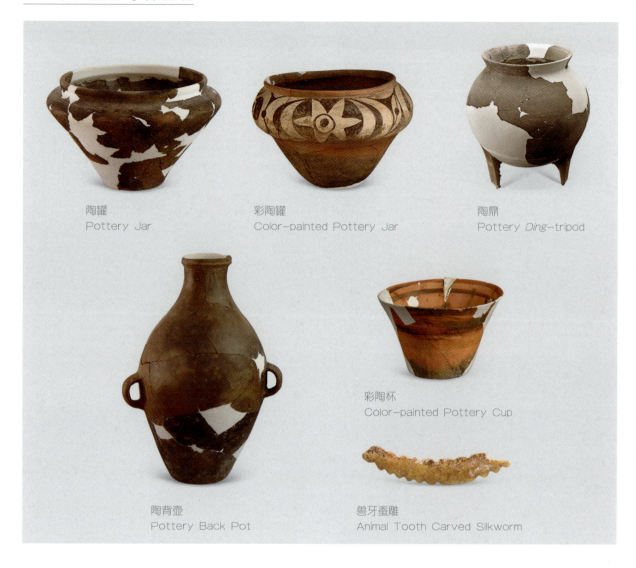

陶罐
Pottery Jar

彩陶罐
Color-painted Pottery Jar

陶鼎
Pottery *Ding*-tripod

陶背壶
Pottery Back Pot

彩陶杯
Color-painted Pottery Cup

兽牙蚕雕
Animal Tooth Carved Silkworm

三至五期相当于大河村三至五期，其中第四期分为三段。双槐树遗址还存在丰富的大汶口文化、屈家岭文化等周边文化因素。

双槐树遗址及周边郑洛地区系列遗址的发现，表明郑洛地区是继豫西、晋南地区庙底沟文化衰落之后新兴起的文明中心，以该遗址为代表的郑洛地区这一聚落群的发现，补充了中华文明起源关键时期、关键地区的关键材料。以双槐树遗址为代表的聚落集团，规模巨大，文化因素丰富，有利于探索早期中华文明起源不同模式这一重大学术问题。双槐树遗址仰韶文化中晚期和龙山早期遗存均较为丰富，这在以往的发现中并不多见，有利于建立相对完备的仰韶文化晚期到龙山文化早期这一过渡阶段的文化谱系。遗址内大型建筑群初具中国早期宫室建筑的特征，为探索三代宫室制度的源头提供了重要素材。遗址内发现了大量的农作物和正在吐丝状态的牙雕家蚕，连同青台、汪沟等遗址发现的农业和丝绸实物等，充分证明了5300多年前的中原地区已经形成了较为完备的农桑文明形态。

双槐树遗址是距今5300年前后经过精心选址的都邑性聚落遗址。其东有虎牢关，西有黑石关，南为嵩山，北为黄河，周边分布有青台、汪沟、西山、苏羊、土门、妯娌等诸多聚落，形成一处规模巨大的聚落群。特别是仰韶文化西山、点军台等城址组成的城址群对双槐树遗址形成拱卫之势，从地理位置、规模、文化内涵分析，其是迄今为止在黄河流域发现的仰韶文化中晚期规模最大的核心聚落，具有古国的都邑性质。

（供稿：顾万发　汪旭　胡亚毅　信应君）

墓葬一区航拍（上为北）
Aerial Photograph of the Burial Area 1 (North-up)

二号院落一号门道（南一北）
Doorway 1 of the Courtyard No.2 (S-N)

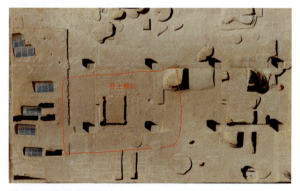

墓葬二区祭坛遗迹航拍
Aerial Photograph of the Altar Remains in the Burial Area 2

The Shuanghuaishu Site is located on the tableland of south Shuanghuaishu Village in Heluo Town, Gongyi City, Henan Province. The site is 1.17 million sq m, about 1,500 m long from east to west and 780 m wide from north to south. From 2013 to 2020, the Zhengzhou Municipal Institute of Cultural Relics and Archaeology and other institutions carried out many investigations and excavations of the site and adjacent areas. The work uncovered three large ring trenches, a large architectural foundation, central residential compounds, walls with the earliest barbican structure, large-scale board-framed rammed-earth foundation, altars, four rigidly planned large public graveyards with over 1,700 tombs, and abundant artifacts of the Yangshao Culture. The site lasted from the middle-late Yangshao Culture to the early Longshan Culture and can be chronologically divided into five periods and seven stages. It is a core settlement site with an extensive area and copious relics. Its discovery filled the gap of the study of the critical period and key area of the origin of Chinese civilization.

陕西府谷
寨山新石器时代遗址

ZHAISHAN NEOLITHIC SITE IN FUGU, SHAANXI

寨山遗址位于陕西省府谷县田家寨镇王沙峁行政村寨山自然村，地处陕西、山西、内蒙古三省交界之处。遗址处在黄河一级支流石马川中游南岸，石马川由此向东南约25公里汇入黄河，西南距石峁遗址约60公里。地貌以黄土梁峁为主，黄土堆积丰厚，地表沟壑纵横。

寨山遗址发现于第三次全国文物普查期间。2015年，陕西省考古研究院对其进行了全面的考古调查，初步认定寨山遗址面积约100万平方米，遗址内分布少量仰韶晚期遗存，其主体内涵为一处石峁文化石城聚落，城内面积约60万平方米，属石峁文化次级（抑或三级）聚落。石城平面近南北向椭圆形，石墙以砂岩石块砌筑，依山就势，断续分布，其中东、南部城墙保存较好，走向清晰。另外，在城内北部庙墕地点还发现少量护坡石墙，庙墕顶部中心位置发现一处大型夯土台基，东侧残留包边石墙。该台基近南北向长方形，长约60、宽约40米，台顶平整开阔，四望无阻。据调查发现，庙墕地点可能与石峁遗址皇城台性质相类，为寨山石城的核心区域。

2016年夏，陕西省考古研究院等单位试掘清理了寨山石城南部城墙外立面。试掘发现，此段城墙堑山修建，分段筑成，接缝痕迹明显，外立面由稍经加工的石块砌筑，内部平砌不规则石块，石块之间以草拌泥黏合，试掘长度约60、宽约1.5、残高1～2米。墙体外侧还发现2座保存较好的马面，间距约30米。这次试掘初步了解了石城城墙的年代、结构和砌筑方式等问题。另外，试掘庙墕地点西南坡时发现一座较大的竖穴土坑墓，墓室虽被盗扰，但壁龛内出土6件带石盖陶器和1件细石刃，随葬器物组合完整、器类典型，为找寻石峁文化墓地提供了重要线索。

2019年，"考古中国：河套地区聚落与社会研究"重大项目获准立项，寨山石城被列入重点遗址，并在年底继续开展试掘工作。2020年，经国家文物局批准，寨山石城考古成为河套地区聚落与社会研究陕西片区的主要工作内容并开展系统考古工作。为了继续找寻寨山遗址庙墕地点的石峁文化墓地线索，2019～2020年的考古工作仍集中在庙墕地点西南坡，紧邻2016年试掘区布方发掘，清理了大量石峁文化遗存及少量仰韶晚期遗存，主要分为仰韶晚期、石峁文化居址以及石峁文化墓地两类遗存，其中石峁文化墓葬24座、灰坑32个、房址2座、灰沟2条。

庙墕地点夯土台基局部
Part of the Rammed-earth Foundation of the Miaoyan Site

石城南墙外立面及马面
Façade and Wall-pier (Horse Face/*Mamian*) of the Southern Wall of the Stone City

仰韶晚期和石峁文化居址中，仰韶晚期遗存发现较少，仅有灰坑3个、房址1座。灰坑平面均呈不规则形，出土器物不多，可复原标本较少；房址被严重破坏，残存部分平面呈圆角长方形，半地穴式（或窑洞），仅存部分活动面与墙壁。

石峁文化灰坑共发现32个，平面形状有圆形、椭圆形、圆角长方形、不规则形等。其中，2019H4面积最大，出土大量陶器、石器、骨器等，陶器组合包含鬲、斝、盉、三足瓮、大口尊等，为典型的石峁文化中期遗存。2019H1、2019H2内存在"灰坑埋人"现象，可能与墓地葬仪有关。

石峁文化房址共发现2座，均为半地穴式（或窑洞）白灰面房址，平面形状有"凸"字形、圆形两种。房址上部被破坏，残留底部，居住面与墙壁加工考究，涂抹洁白光滑的白灰面，室内有圆形灶址，门道均向西南，可能与采光或避风有关。

石峁文化墓地打破居址。24座墓葬中包括竖穴土坑墓21座、瓮棺葬2座、石棺葬1座，其中竖穴土坑墓形制特征鲜明、等级区分明显，根据

葬具、壁龛、殉人的情况，可分四类。

第一类　有木棺、有壁龛、有殉人，共3座。墓主为男性，葬于长方形木棺内，仰身直肢，部分墓主尸骨经过二次扰乱。墓主身上一般随葬5件玉器，多为小块残玉，器形有琮、锛、环等。殉人位于墓主左侧棺外，女性，侧身面向墓主，身上可见多处劈砍痕迹。墓主与殉人身上均涂有朱砂，身下有有机质铺垫物。墓主右侧墓壁上有一半月形壁龛，壁龛内一般放置5或6件带石盖陶器，圆形石盖由砂岩打制而成。陶器均为明器，火候较低，部分器表涂抹红彩，组合常见喇叭口瓶、斝、深腹盆、小罐或壶，初步鉴定部分陶器内存放有粮食。另外，壁龛内还放置1或2件细石刃。此类墓规模最大，结构最复杂，随葬器物最丰富，陶器组合稳定，面积约10平方米。

第二类　有木棺、有壁龛、无殉人，共4座。墓主均为单人仰身直肢葬，葬于长方形木棺内。壁龛均位于墓主左侧墓壁上，壁龛内放置猪下颌骨，多者10件，少者1件，初步鉴定为家猪。此

2019H4 出土陶鬲
Pottery *Li*-cauldron Unearthed from Ash Pit 2019H4

2019H4 出土陶盉
Pottery *He*-pitcher Unearthed from Ash Pit 2019H4

2019H4 出土陶大口尊
Pottery *Zun*-vessel with a Big Mouth Unearthed from Ash Pit 2019H4

2019H2 内的"灰坑埋人"现象

The Phenomenon of "People Buried in the Ash Pit" in 2019H2

石峁文化白灰面房址 2020F2

Shimao Cultural White-gray-faced House Foundation 2020F2

第一类墓 2019M2

Tomb 2019M2 (Tomb Type 1)

第一类墓 2019M2 玉器出土情况

Jade Wares Unearthed from Tomb 2019M2 (Tomb Type 1)

第一类墓 2019M3 壁龛

Niche in Tomb 2019M3 (Tomb Type 1)

第一类墓 2020M4 壁龛

Niche in Tomb 2019M4 (Tomb Type 1)

第一类墓 2020M4 墓主右手玉器出土情况

Jade on the Buried Person's Right Hand in Tomb 2020M4 (Tomb Type 1) in Situ

第一类墓 2020M4 殉人身上劈砍痕迹

Slash Marks on the Human Sacrifice in Tomb 2020M4 (Tomb Type 1)

第一类墓 2020M4 殉人身上朱砂及身下铺垫物痕迹
Remains of Cinnabar and Mat Under the Human Sacrifice in Tomb 2020M4 (Tomb Type 1)

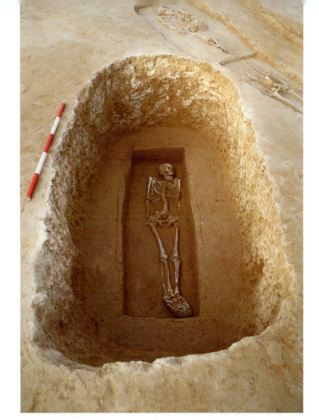

第三类墓 2019M4
Tomb 2019M4 (Tomb Type 3)

第二类墓 2020M12
Tomb 2020M12 (Tomb Type 2)

类墓规模次之，仅随葬猪下颌骨，面积 6～7 平方米。

第三类 有木棺、无壁龛、无殉人，共 7 座。墓主均为单人仰身直肢葬，部分墓葬填土经夯打，棺木朽灰痕迹清晰，少量墓主身上发现纺织物痕迹。此类墓规模较小，随葬器物少，仅 2019M4 出土 1 件小玉刀、2020M15 出土 1 件骨镞，面积 2～6 平方米。

第四类 无木棺、无壁龛、无殉人，共 7 座。均为单人葬，葬式有仰身直肢和侧身屈肢两类，以仰身直肢为主，侧身屈肢仅 1 座。此类墓规模最小，随葬器物罕见，仅 2019M5 出土 1 件玉锛，面积约 2 平方米。

上述四类墓葬数量由少到多、规模由大到小、随葬器物数量由多到寡，体现了明显的等级区分，当分别代表了不同身份等级的人群。

瓮棺葬发现 2 座，相距较近。墓坑平面均呈圆角长方形，坑内横倒放置 2 件套扣在一起的陶器，陶器内埋葬婴幼儿，骨殖腐朽严重，均无随葬器物。

石棺葬仅发现 1 座，墓坑为长方形竖穴土坑，内置石棺，由盖板、侧板、墓主脚下垫板组合而成，材质为砂岩，部分有人为加工痕迹。墓主仰身直肢葬于石棺内，为一儿童，无随葬器物。

府谷寨山遗址出土的仰韶晚期尖底瓶、鼓腹罐、器盖、深腹盆等陶器在文化面貌与器物特征上属于海生不浪文化的范畴，此类遗存在陕北地区的靖边五庄果墚、庙梁、横山杨界沙等遗址大量出土。寨山仰韶晚期遗存数量虽少，但器类典型，为陕北地区仰韶晚期遗存的研究提供了新资料。

庙墕地点居址遗存丰富，出土了一批石峁文化典型器物，其中 2019H4 出土器物数量最多、器类最为丰富。相对年代与寨山二期、新华早期、碧村 H24 等遗存年代相当，属于石峁文化中期阶段。

寨山遗址庙墕墓地是首次全面揭露的石峁文化大型墓地，也是河套地区首次发掘的等级区分明显的龙山时代墓地。该墓地的发掘，弥补了石峁遗址内墓地被严重盗掘的重大缺憾，为石峁文化墓葬研究提供了丰富、系统的资料。同时，庙墕墓地也是研究河套地区聚落与社会的重要考古学材料，体现了 4000 年前中国北方地区早期国家形态下的丧葬礼制和等级意识，反映了明显的阶级分化与社会复杂化现象。

（供稿：邵晶 裴学松 乔建军 王明清）

第二类墓 2020M12 壁龛
Niche in Tomb 2020M12 (Tomb Type 2)

第三类墓 2019M4 玉器出土情况
Jade Wares in Tomb 2019M4 (Tomb Type 3) in Situ

第四类墓 2019M5 墓主尸骨残断痕迹及玉器出土情况
Buried Person's Skeleton Fragment Remains and
the Jadeware in Tomb 2019M5 (Tomb Type 4) in Situ

瓮棺葬 2020W1
Urn Burial 2020W1

瓮棺葬 2020W2
Urn Burial 2020W2

石棺葬 2020M17
Stone Coffin Burial 2020M17

The Zhaishan Site is located in Zhaishan Natural Village of Wangshamao Administrative Village in Tianjiazhai Town, Fugu County, Shaanxi Province, covering approximately 1 million sq m. An around 600,000 sq m stone city settlement of the Shimao Culture has been discovered inside the site. From the end of 2019 to 2020, the Shaanxi Academy of Archaeology and other institutions have excavated the southwest slope of the Miaoyan Site at the Zhaishan Site, revealing many remains of the Shimao Culture and a small number of remains of the late Yangshao Culture. Excavation results showed that the Miaoyan Site has been successively used for residential and cemetery. In the cemetery, 24 Shimao Cultural tombs have been excavated, and 21 are vertical earthen shaft pit tombs with distinctive structure, typical burial assemblage, and clear rank distinctions. It is the first fully-unearthed large-scale Shimao Cultural cemetery, which provides significant materials for the study of the Shimao Culture.

河南偃师二里头遗址中心区 2019～2020 年发掘收获

2019-2020 EXCAVATION RESULTS OF THE CENTRAL AREA OF ERLITOU SITE IN YANSHI, HENAN

里头遗址位于河南偃师境内。近几年，中国社会科学院考古研究所二里头工作队继续以探索二里头都城的布局、结构为中心工作。根据历年的考古成果，我们曾推测，二里头遗址"井"字形道路网络形成的"九宫格"格局除宫殿区和作坊区外，其他 7 个区域或为不同家族和群体的居住、墓葬区，各个区域的外围或有墙垣。"井"字形道路西南路口一带是探索多个重要问题的关键区域，包括西南路口多个区域相交地带的遗存分布、相互关系、是否存在围墙等。2019

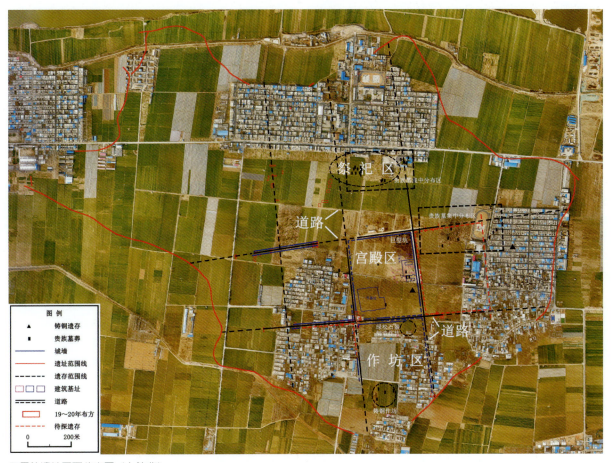

二里头遗址平面分布图（上为北）
Plane Distribution Map of the Erlitou Site (North-up)

遗址中心区西南路口平面示意图（上为北）
Plan Diagram of the Southwest Intersection of the Central Area (North-up)

遗址作坊区围垣西北角（上为北）
Northwest Corner of the Workshop Area's Enclosing Walls (North-up)

宫北路及其南侧夯土墙
Palace North Road and the Rammed-earth Wall on the South Side

年春季在这一区域的考古工作取得了重要收获，新发现8号基址南缘，并在宫西路以西发现了与宫城南墙走向、宽度和土质相同的墙垣，可能为宫殿区以西区域的围墙（为行文方便，以"宫西路"指代宫殿区西侧的南北向干道，其他方向以此类推）。这些发现为探寻"井"字形道路形成的"九宫格"其他区域外围的围垣提供了线索。2020年的发掘，继续探索"井"字形道路形成的"九宫格"西侧几个区域外围道路和围垣的有无、分布、走向、年代、结构等细节，进而探索二里头都城的结构布局、功能分区和历时性变化情况，新发现了宫西一区围墙的东南拐角，宫南路、宫北路均继续向西延伸（为行文方便，以"宫西一区"指代宫殿区西侧的第一个区域，其他区域以此类推）。现将两年的发掘收获介绍如下。

8号基址南缘的发现，为全面了解该基址整体范围和形状意义重大。8号基址平面近长方形，南北长19.2～19.3、东西宽9.6～9.8米，方向172°。从基址南缘的晚期墓葬剖面可知，与北缘情况相同，基址南缘基槽挖断宫城西墙，层位上晚于宫城西墙。由北缘及附近的路土情况看，系在宫城西墙建成后不久的三期修建，共用至四期晚段。8号基址基槽夯土为红褐、黄白色，土质坚硬，部分层次中夹有鹅卵石。同时，本次发现确认8号基址南缘未到宫城墙西南拐角。

发掘情况表明，宫西路与宫南路交叉路口的道路仅残留数层，残厚约0.2米，土质坚硬。宫城南墙与作坊区围垣北垣之间的宫南路宽约18米。

作坊区围垣西北角平面近曲尺形，包括东西向、南北向墙体及其拐角，发掘区内东西向、南北向墙体的长度均超过10米，宽度均约2米。东西向墙体与2004年发现的作坊区北垣成一直线，南北向墙体与宫城西墙大体成一直线。经解剖可知，墙体和基槽夯土为红褐色，土质坚硬，局部可见夯窝。作坊区围垣西北角的发现，确认了作坊区西侧墙垣的位置、形制、年代，排除了2012年作坊区以西的南北向道路西侧的墙垣Q7为作坊区西侧围墙的可能性，确认了作坊区以西区域存在东墙，其他墙垣有待探索。

宫城西墙南段北接8号基址南缘，西邻宫西路。宫城南墙西段南邻宫南路，发掘区内东西长约20、南北宽约2米。因被东汉及近现代堆积破坏，宫城西南角不存。

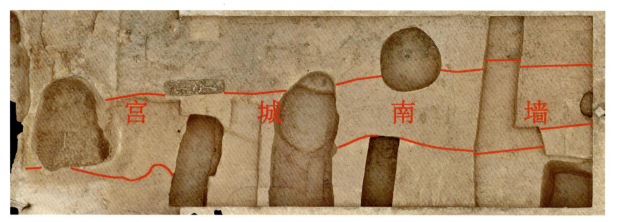

遗址宫城南墙西段（上为北）
West Section of the Palace City's Southern Wall (North-up)

宫西一区围墙的东南拐角南侧和东侧分别为宫南路和宫西路，其南缘和东缘南段仍存，探方内可见东西长 3.2、南北残宽 0.4 米，其他部分被晚期灰坑破坏严重，走向与宫城南墙一致，约 262°。

宫殿区南、北两侧的东西向道路，即宫南路、宫北路，向西延伸的长度均超过 400 米，道路两侧多发现有与宫城南、北墙成一直线或平行的墙垣。宫南路、宫北路向西延伸的长度已超过宫东路和宫西路之间约 290 米的宽度，推测在宫西路以西约 290 米处应有一条南北向道路，且在这一区域已钻探出多处路土，目前正在进行解剖发掘。

宫南路向西延伸的长度超过 470 米。在距宫城西南角约 275 米处的解剖沟中，发现宫南路延伸至此时，道路南北两侧均有夯土墙。探沟内宫南路东西长 6、南北宽 12.6 米，且继续向西延伸。路北侧的夯土墙东西长 6、南北宽约 1.7 米，走向和宽度与宫城南墙一致，约 265°，可能为宫西一区的南侧围墙；路南侧的夯土墙东西长 2、南北宽约 2.6 米，走向和宽度与围垣作坊区北墙一致，约 265°，可能为作坊区以西区域（简称"工西一区"）的北侧围墙。

宫北路向西延伸的长度超过 418 米。在距宫城西北角约 418 米处的解剖沟中，发现宫北路延伸至此时，道路南北两侧均有夯土墙。探沟内宫北路东西长 7、南北宽约 14.5 米，且继续向西延伸。路北侧的夯土墙东西长 7.5、南北宽约 2.4 米，与宫城北墙大致平行，约 262°，可能为祭祀区以西第二区域（简称"祭西二区"）的南侧围墙；路南侧的夯土墙东西长 7、南北宽约 1.8 米，走向与宫城北墙一致，约 265°，可能为宫殿区以

西第二区域（简称"宫西二区"）的北侧围墙。

二里头都城以道路和墙垣规划为多个方正、规整的网格区域，表明其有严格、清晰的规划。宫殿区居于核心，显示了王权的至高无上、权力中心的高度集中。除宫殿区、作坊区外的多个区域外侧也以围墙间隔、防护，历年在其中多个网格内发现有不同等级的建筑和墓葬，每个网格应属不同的人群，表明二里头都城极可能已出现了分区而居、区外设墙、居葬合一的布局。这样的规划布局，显示出当时的社会结构层次分明、等级有序，统治格局秩序井然，暗示当时有成熟发达的统治制度和模式，是进入王朝国家的重要标志。

时间序列和空间位置是考古研究的两个重要基础。二里头都城这些新发现的道路和墙垣以及规划形成的多个网格、居葬合一的布局，为继续进行布局研究和在空间位置基础上的其他综合研究奠定了重要基础。

中原龙山文化的聚落布局多是居葬分离的，发掘居址和墓葬较多的陶寺、清凉寺、周家庄等龙山文化遗址均为居葬分离。而二里头都城通过主干道路和墙垣划分网格，宫殿区居于核心、居葬合一的布局结构，体现了二里头先民伟大的创造能力。这种居葬合一的布局结构，在偃师商城、郑州商城、安阳殷墟、周原的殷人聚落都有类似发现，表明这种制度被商、周王朝沿用，体现了二里头文化、二里头王国在中国历史上划时代的作用，以及对商、周文明的引领。同时，二里头都城的这种布局，也为探索先秦时期其他都邑遗址的布局、结构提供了有益的参考。

（供稿：赵海涛）

晚期墓葬剖面所见 8 号基址南缘夯土情况
Rammed-earth on the Southern Margin of the No. 8 Foundation Seen from the Section of a Late Tomb

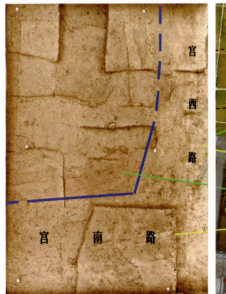

遗址宫西一区围垣东南角
Southeast Corner of the Enclosing Wall in the Western Palace Zone One

遗址作坊区围垣北墙剖面
Section of the Workshop Area's Northern Enclosing Wall

宫南路及其两侧夯土墙（上为北）
Palace South Road and the Rammed-earth Walls on Both Sides (North-up)

8 号基址（上为北）
No. 8 Foundation (North-up)

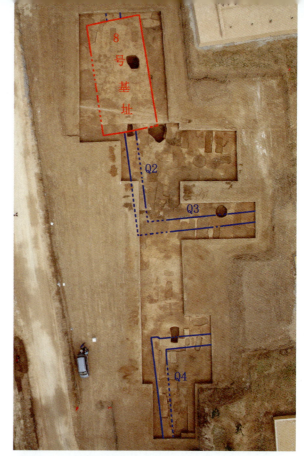

遗址中心区西南路口东侧（上为北）
East Side of the Southwest Intersection of the Central Area (North-up)

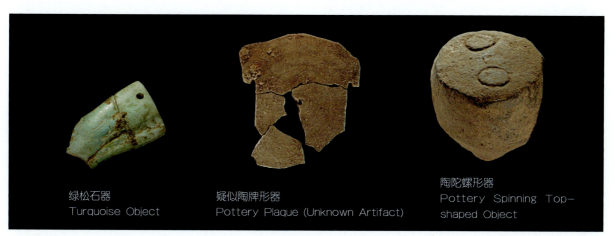

绿松石器
Turquoise Object

疑似陶牌形器
Pottery Plaque (Unknown Artifact)

陶陀螺形器
Pottery Spinning Top-shaped Object

The Erlitou Site is located in Yanshi City, Henan Province. From 2019 to 2020, the Erlitou Fieldwork Team of the Institute of Archaeology, Chinese Academy of Social Sciences, continued to explore the layout and structure of the Erlitou capital city. The investigation focused on the roads and enclosing walls in a 3×3 road grid region. Discoveries included the south edge of the No. 8 foundation, the southwest intersection of the 3×3 road grid, the northwest corner of the workshop area's enclosing walls, the south section of the western wall and the west section of the southern wall of the palace city, and the southeast corner of the enclosing wall in the western palace zone one. The discovered roads and walls, as well as the designed multiple grids and dwelling-burial-mixed arrangement, grounded the ongoing studies of the site's layout and other comprehensive spatial location-based research.

河南淮阳时庄遗址
夏代早期粮仓城

EARLY XIA DYNASTY GRANARY CITY IN SHIZHUANG SITE IN HUAIYANG, HENAN

时庄遗址位于河南省周口市淮阳区四通镇时庄村，总面积约 10 万平方米，包括龙山文化末期、岳石文化和春秋战国等多个时期的遗存。2019 ~ 2020 年，河南省文物考古研究院联合周口市文物考古管理所、北京大学考古文博学院，对遗址进行了钻探与发掘，确认遗址南部为一处夏代早期的粮仓城。

时庄遗址南部为人工垫筑的台地，面积约 5600 平方米。台地外围有宽浅的围沟，面积共计 2.4 万平方米。在台地上已发掘的近 3000 平方米范围内发现了 29 座罕见的仓储遗迹，分布集中，形制多样。这些仓储设施建造时大多先平整垫高地面，然后以土坯建造土墩或墙体，外侧涂抹细泥。根据建筑形制的差别，可分为两类。第一类为地上建筑，共 13 座，平面呈圆形，建筑方式是用土坯垒砌成多个圆形的土墩作为立柱，高出地面，立柱直径 0.5 ~ 0.9 米，立柱和柱间墙一同围合成圆形的建筑基础，其上铺垫木板作为仓底，再以土坯围砌一周形成仓壁，上部封顶。此类建筑面积最小者 5.5 平方米，最大者 21.6 平方米，其他在 8 ~ 14 平方米之间。第二类为地面建筑，共 16 座，建筑方式是以土坯直接垒砌墙体。此类建筑根据平面形状的不同，又可分为圆形和近方形两种，前者 7 座，建筑面积约 5 平方米；后者 9 座，建筑面积 9 ~ 12 平方米。

上述建筑的形制明显有别于当地同时期用于居住的普通连间排房，具有较为特殊的功用，性质应为古代的粮仓。原因有三。第一，其建筑形制与文献记载、民族志记录的各类粮仓以及历史时期出土的粮仓建筑模型均十分接近。第二，在保存较好的仓储遗迹废弃堆积的底部检测出的植硅体组合较为单一，主要来自粟、黍类作物的颖壳和用于仓储建筑材料的芦苇类、茅草类植物的植硅体；浮选炭化大植物遗存鉴定的结果也显示，除粟、黍和黍亚科种子外，几乎没有其他植物遗存；此外，仓储废弃堆积的土壤中也检测出黍素成分。第三，上述建筑外侧涂抹细泥、台基垫土自下而上普遍铺垫粗颗粒黏土隔水层和细颗粒黏土防水层等防潮措施，符合作为粮仓建筑的特定要求。

粮仓遗迹所处的台地上还发现东、西两圈不同时期的夯土围墙。发掘和钻探情况表明，

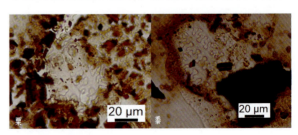

采集的粟、黍植硅体照片
Photos of Phytoliths of the Collected Foxtail Millet and Proso Millet

发掘区遗迹分布图
Distribution of Remains in the Excavation Area

西夯土围墙南部剖面（西—东）
Section of the South Part of the Western Rammed-earth Enclosing Wall (W—E)

土坯垒砌的土墩结构
Mound Structure Built with Adobes

仓储建筑外废弃堆积中发现的木板痕迹
Traces of Wooden Board Found in the Waste Accumulation outside the Storage Building

地上粮仓 F5（上为北）
Above-ground Granary F5 (North-Up)

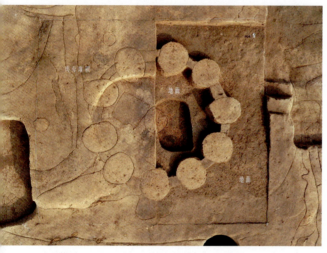

地上粮仓 F6（上为北，东半部解剖至活动面）
Above-ground Granary F6 (North-Up, the East
Half was Dissected to the Occupation Floor)

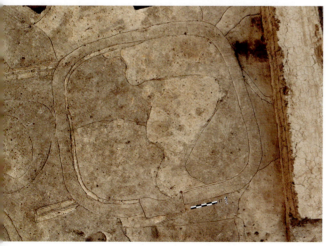

地面圆角方形粮仓 F7（上为北）
On-ground Rounded Rectangular Granary F7
(North-Up)

东围墙宽 1.9 ～ 2.8、残高 0.75 ～ 1.2 米，内部圈围面积近 1100 平方米；西围墙宽 3 ～ 3.5、残高 0.45 ～ 1.3 米，内部圈围面积 1200 余平方米。东围墙建造年代略早于西围墙，东、西围墙在台地的东南部有较为明显的缺口，应为进出通道。

聚落中同时期的遗存以粮仓遗迹最多，极少见灰坑、水井、陶窑、房址、墓葬等其他类型的遗迹。一座具有居住功能的连间房 F1 居于台地中间，粮仓遗迹围绕 F1 外围，且均集中分布于夯土围墙保护范围之内。由此表明，聚落整体布局结构清晰，功能单一，是一处以储粮为主要功能的特殊围垣聚落。

遗址出土陶片少且碎小，能够拼对修复的 20 余件陶器集中出土于 3 个灰坑。从陶器反映的考古学文化面貌看，属于造律台文化晚期，大致相当于嵩山地区的"新砦期"阶段。发掘情况表明，遗址的主要堆积形成过程可分为四个阶段：第一阶段，有少量人类活动，通过有限的解剖发现有 1 座方形房基和 1 座圆形地面粮仓，应为小型的居住聚落，兼具仓储的功能；第二阶段，经过较大规模的人工堆垫、平整和修筑，形成外围具有宽浅围沟的垫筑台基，其上修筑东、西夯土围墙，并出现居住功能明确的 F1 和密集的粮仓建筑，其中地上式粮仓 12 座、地面式粮仓 9 座；第三阶段，对前一阶段粮仓建筑的修葺和重建，目前发现 7 座这一时期的粮仓建筑，其中地上式粮仓 1 座、地面式粮仓 6 座；第四阶段，粮仓聚落的废弃阶段，时代为岳石文化早期。系列样品的 ^{14}C 测年数据显示，上述遗存的年代范围约为公元前 2000 ～前 1700 年，均已进入夏代早期纪年。

时庄遗址的布局清晰、功能单一，专用于粮食的集中储备，为龙山末期中原地区新出现的小型专门化聚落，是除了城址和一般聚落之外的一种崭新的聚落形态。系统的考古钻探和调查表明，在时庄遗址周围 150 平方公里的范围内，还存在至少 15 处同时期的聚落，大致呈散点状分布，共同构成了庞大的区域性聚落群，是时庄单一功能性聚落发展的重要支撑。

时庄遗址的各式粮仓密集分布于近方形夯土围垣之内，是我国目前发现的年代最早的粮仓城，为研究中原地区早期国家的粮食储备、统一管理和可能存在的贡赋制度等提供了宝贵

墙体

木板朽痕

废弃堆积

泥皮

土坯立柱

垫土

地上粮仓建筑结构解剖情况
Dissected Structure of the Above-ground Granary

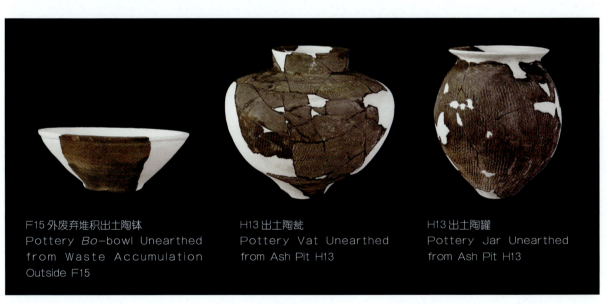

F15 外废弃堆积出土陶钵
Pottery *Bo*-bowl Unearthed
from Waste Accumulation
Outside F15

H13 出土陶瓮
Pottery Vat Unearthed
from Ash Pit H13

H13 出土陶罐
Pottery Jar Unearthed
from Ash Pit H13

资料。

时庄遗址粮仓城的年代大致相当于中原地区
的"新砦期"阶段，即文献记载的"太康失国"
至"少康中兴"的夏王朝早期。方形夯土围垣式
功能性聚落，可与登封王城岗小城、二里头"九

宫格"式布局结构相比较，为夏文化和夏王朝的
考古学研究提供了重要线索，对于重新认识早期
夏王朝的社会组织结构、管理水平和国家治理能
力都具有极其重要的价值。

（供稿：曹艳朋　张海　杨苗蒲　陈艳）

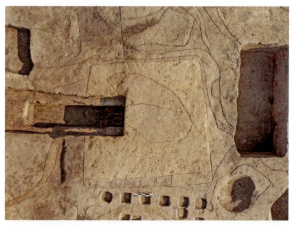

地面方形粮仓 F24（上为北）
On-ground Rectangular Granary F24 (North-Up)

地面圆形粮仓 F10（上为北）
On-ground Round Granary F10 (North-Up)

连间房 F1（上为北）
Rowhouse Foundation F1 (North-Up)

The Shizhuang Site is located in Shizhuang Village of Sitong Town, Huaiyang District, Zhoukou City, Henan Province. From 2019 to 2020, Henan Provincial Institute of Cultural Heritage and Archaeology and other institutions surveyed and excavated the site and found the remains of 29 storehouses atop a 5,600 sq m man-made foundation on the site's south side. Storehouses were distributed around a central residential rowhouse foundation F1. They were encompassed, east and west, by two circles of different periods constructed rammed-earth walls with access passages. According to the collected plant samples' test results and the architectural structure, archaeologists determined that the storehouse remains were granaries, and this site should be a specific settlement for grain storage purposes. The Carbon-14 dating result further showed that the site could be traced back to the early Xia Dynasty (2000 BCE-1700 BCE). The Shizhuang Site is the earliest granary city discovered so far in China, playing a critical role in studying the grain storage and management and national governance of early countries in central China.

河南安阳洹北商城
铸铜作坊遗址工匠墓发掘收获

EXCAVATION RESULTS OF CRAFTSMAN TOMBS IN THE BRONZE CASTING WORKSHOP AREA OF HUANBEI SHANG CITY SITE IN ANYANG, HENAN

洹北商城作为商代中期的都城，主要由郭城、宫城、宫殿、普遍居址等构成，自1999年发现以来就备受学术界关注。其方正、规整的郭城与宫城布局，规模宏大、保存较好的宫殿建筑，承前启后、转型升级的青铜礼器等，无不引起学者们的高度重视。

目前，对洹北商城的了解仍十分有限，研究的深度、广度、力度均有待提升，而研究必须建立在田野调查与发掘等第一手材料之上。在国家文物局、河南省文物局及地方文物部门的大力支持下，中国社会科学院考古研究所安阳工作队自2015年始，持续在洹北商城宫城北部（现韩王度村东、村北）进行钻探与发掘，依据手工业考古及操作链理论与方法，截至2020年底，发掘面积

共约5000平方米，发现大量与铸铜、制骨、制陶相关的遗迹、遗物，充分说明该区域为洹北商城的"工业区"，其中又以与青铜器铸造相关的遗存最为丰富。诸如料姜石夯土平台、熔铜浇铸活动区、小型夯土房基、范土坑、水井、祭祀坑、窖藏坑、废弃物堆积坑等各类遗迹多与青铜生产活动相关，上万件陶范、模、芯及铜渣、炉壁、磨石、刻刀、陶管等更表明当时的生产十分繁盛，产品以青铜礼器为主，另有少量工具与兵器。

发掘情况表明，殷墟都城内不同家族相对独立居住在不同的区域之内，生于此、葬于此，居址与墓地相互交织、重叠。有学者称其为"居葬合一"模式。2015年起，考古工作者在作坊区内陆续发掘了一些墓葬，形制较小，多随葬单件陶

M92
Tomb M92

M111陶范出土情况
Ceramic Molds in Tomb M111 in Situ

高，尚无直接证据表明这些墓主生前从事铸铜生产。2017年秋，在发掘区的东北部发现了4座（编号M51～M54）东西成排、相邻仅十几厘米的墓葬，除随葬陶器外，M51、M53随葬有陶范。陶范十分规整地摆放在二层台、棺上，应不是墓室填土中混入的。M51、M53还随葬有铜刀，应是制作模、范的工具。据此判定，其墓主应是工匠，生前应从事铸铜生产活动。4座墓葬排列有序，时代相当，应是同一家庭或家族的成员。

为进一步揭示铸铜作坊，同时了解铸铜工匠家族墓地的规模，2018～2020年持续发掘，除大量生产、生活遗存外，又发现墓葬56座。按照分布区域和排列方式，这些墓葬大体可以分为6排，除个别墓葬存在打破关系外，多数墓葬排列有序，方向一致（除年代略早的M89为南向外，其余均为北向），有一定的规划性，显现出家族墓地的特征。值得注意的是，15座随葬陶范的墓葬，至少10座为男性墓，且俯身直肢。兹举两例。

M73 长方形竖穴土坑墓，方向25°，口长3.3、宽1.8米，深1.82米，是该墓地中规模较大者。有熟土二层台和腰坑（内有殉狗），葬具为一椁一棺。因盗扰，墓主大部分骨骼被扰乱。在北、东二层台上放置了大量陶范，其中有一块较为完整，应是瓢范。另有铜刀、陶鬲、陶管、骨镞、海螺等随葬器物。

M92 长方形竖穴土坑墓，方向28°，口长2.9、宽1.46～1.64米，深0.98米，墓室中部被盗扰。在西二层台北部与腰坑内各殉一狗，葬具为一椁一棺。墓主骨骼腐朽严重。在东二层台上分两处摆放有陶范，在棺内有铜器、陶器等，其中陶器被刻意打碎放置在不同部位，为典型的碎器行为。

虽然多数墓葬未发现陶范、工具等铸铜遗物，但从墓葬地层关系、排列方式、墓主头向等综合判断，这些墓主也应是工匠家族成员。

部分墓主人骨保存较好，目前已完成了基础的体质人类学鉴定与测量，同时就古DNA、碳氮同位素、锶同位素、金属污染等多项检测与研

2018～2019年发掘区工匠墓地
Craftsmen Cemetery in the Excavation Area in 2018—2019

2020年发掘区工匠墓地
Craftsmen Cemetery in the Excavation Area in 2020

M73
Tomb M73

M73 铜觚陶范出土情况
Ceramic Mold of Bronze *Gu*-goblet in Tomb M73 in Situ

M111
Tomb M111

究项目进行了取样。希望古DNA检测能够进一步证实对工匠家族墓的判断，这也将更进一步推动对青铜手工业生产的组织、管理、技术传承等诸多前沿学术问题的研究。

近年来，手工业考古方兴未艾，作为手工业考古的重要组成部分，与手工业生产、组织、管理等人员相关的课题越来越受到研究者的重视，而依据各种线索特别是随葬器物来辨识墓主生前职业是最重要的一环。古人事死如事生，墓葬中随葬的器物多与墓主生前的地位、等级密切相关。夏商周时期，墓葬中青铜礼器的多寡更被视为墓主权力和身份最直接的反映，这方面的研究也较为匮乏。事实上，除了反映墓主"社会身份"的随葬器物外，还有一些随葬器物则直接反映了墓主的"职业身份"，但这些方面的工作还有待加强。目前，殷墟遗址内已发现铁三路制玉、北徐家桥制石、戚家庄东制蚌、孝民屯铸铜等的工匠

墓，甚至首次发现了殷墟时期占卜贞人的家族墓地。洹北商城铸铜作坊区内发现随葬有陶范的墓葬，较此前推测的殷墟铸铜工匠墓证据更加充分，保存较好的墓主人骨为也后续的进一步研究奠定了坚实的基础。

洹北商城铸铜作坊区工匠墓的发掘，为研究商代青铜器生产组织、管理、运营，工匠阶层的等级、地位，生产技术的传承与创新等诸多问题提供了重要资料。从目前已知的工匠墓规模、随葬器物判断，工匠的等级、地位并不高，甚至是低贱的，墓室狭小，多数墓葬甚至不见一件陶器。个别规模较大者可能是工匠家族的族长，或者是生产活动的组织者、管理者。但正是这种低贱、贫穷的劳动者，掌握了当时的尖端生产技术，并不断推陈出新，创造了持续千年的中国青铜时代的辉煌。

（供稿：何毓灵）

M53 出土器物组合
Artifact Assemblage Unearthed from Tomb M53

M54 出土器物组合
Artifact Assemblage Unearthed from Tomb M54

M92 出土铜觚
Bronze *Gu*-goblet Unearthed from Tomb M92

M92 出土铜爵
Bronze *Jue*-cup Unearthed from Tomb M92

M92 出土铜矛
Bronze Spearhead Unearthed from Tomb M92

The Huanbei Shang City is the site of the capital of the mid-Shang Dynasty. From 2018 to 2020, the Anyang Archaeological Team of the Institute of Archaeology, Chinese Academy of Social Sciences, excavated 56 tombs in the site's workshop area. The tombs can be roughly divided into six rows according to their distribution area and arrangement. The majority of tombs were orderly-planned and arranged, reflecting the characteristics of a family cemetery. Grave goods were comparatively few: individual tombs mainly had a single pottery *Li*-cauldron; 15 tombs had complete ceramic molds on the second-tier platforms or atop coffins; some were buried with bronze casting tools. Based on these findings, it is speculated that the tomb occupants were bronze casting craftsmen. The discovery of these craftsmen's tombs provided critical materials for investigating the issues such as organization, management, and technical inheritance of bronze handicraft production in the mid-Shang Dynasty.

湖北武汉

黄陂郭元咀遗址

GUOYUANZUI SITE IN HUANGPI OF WUHAN, HUBEI

郭元咀遗址分布于湖北省武汉市黄陂区鲁台山北麓、滠水东岸的一级台地上，其南距鲁台山周代墓葬群约 1 公里。该遗址以商代、西周、春秋时期文化遗存为主。经国家文物局批准，2019年 3 月至 2020 年 12 月，湖北省文物考古研究所联合北京大学考古文博学院、武汉市黄陂区文物管理所在郭元咀遗址的西北部开展了持续性的考古发掘工作，发掘面积共计 1120 平方米。根据出土遗物特征，遗址堆积大致可分三个时段：第一时段为洹北花园庄期至殷墟一期，发现了重要的铸铜遗迹，揭露了大型商代台基 1 处、红烧面遗迹 26 处、房址 5 座、灰坑 59 个、烧土坑 16 个、灰沟 10 条、陶范坑 4 个；第二时段为西周初期，揭露烧土遗迹 1 处；第三时段为西周晚期至春秋时期，清理墓葬 6 座。

第一时段的遗迹、遗物与精炼粗铜、熔炼合金、陶块范浇铸相关，主要分布在大型台基之上，是冶铸生产场所或生产中废弃物堆积。根据 ^{14}C 测年数据，绝对年代为公元前 1418 年～前 1264 年。

台基沿滠水东岸平行分布，南边宽 28、东边长 48 米，面积达 1100 平方米，四周分布有大小不等的圆形柱洞，初步判断是生产场所的工棚类建筑。台基上层为黄色垫土，下层为红褐色垫土，总厚 0.7～1.1 米。铸铜作坊的核心区位于台基中部，面积为 30 平方米。在该区域内发现炉址、沙坑、陶范坑、垫土坑、柱洞等各类遗迹以及因冶铸活动而形成的红烧面、黑灰面遗迹。其中，粗铜精炼的 K11，坑内堆积至少分出 4 层，铺垫多层细沙，每层细沙之上可见精炼遗物，包含大量铜渣、木炭和细碎陶范等，说明曾经在此进行过多次与冶铸相关的生产活动。此外，坑内细沙层外发现残熔炉 1 个（RL2），炉壁厚 5、高 20 厘米。坑周围还发现红烧面遗迹 5 处，平面呈方形或圆形，四周有倒塌的烧土块，附近还可见大量黑色炭粒。出土的坩埚残块大多集中在这一区域。

发掘区全景（东—西）
Full View of the Excavation Area (E—W)

G7（西—东）
Ash Trench G7 (W—E)

F4（南—北）
House Foundation F4 (S—N)

冶铸坑 K11
Casting Pit K11

SM10 残炉基
Furnace Base Fragment in SM10

　　台基南缘紧邻一条东西向的大型灰沟（G7），横跨 10 余个探方，是与台基同时期形成的大灰沟，沟内堆积物丰富，多为生产、生活的废弃堆积物，除出土各类质地的器物外，还包含大量炭化水稻、木炭、草木灰、烧土颗粒、石块及脊椎动物骨骼等。

　　作坊核心区的北部有一条呈环状的灰沟（G8），灰沟内发现大量被丢弃的碎陶范以及坩埚残块。如以灰沟为界，则北部可能为作坊的废弃物处理区，分布多个大型灰坑。此外，台基上还发现多个粗沙坑，坑内可见大量鹅卵石、小石子，却未见冶铸遗物，表明其可能是制沙淘选区。

　　这一时段出土遗物非常丰富，共 419 件，包括青铜器、冶铸遗物、陶瓷器、石器等。青铜器基本为生产工具，器形有斧、匕、箭镞、鱼钩、削刀、钻等。冶铸遗物有铜块、铜渣（合金熔炼渣、粗铜精炼渣）、坩埚残块、陶范等。其中，陶范较碎小，以素面范为主，表面可见云母、石英石等颗粒；坩埚残块数量众多，一般厚4～8厘米，外壁为红烧土，内壁是残留的铜渣层，可见烧流痕迹，从侧面看为多孔结构。陶瓷器以陶器为主，另见少量印纹硬陶和原始瓷，纹饰常见绳纹、弦纹、附加堆纹、绳索纹、方格纹、云雷纹、S纹、圆圈纹等，典型器形可见罐形按窝足鼎、分档撇足鬲、联档鬲、三足瓹、无肩大口尊、小平底大

口缸、浅盘假腹豆、高圈足簋、敛口小罐、高领折肩罐、圈足壶、伞状纽器盖、纺轮、陶拍、网坠及印纹硬陶尊、瓿等。石器以工具为主，有臼、镰、球、钺、斧、锛、凿、穿孔铲、刀、锤、砧等。

第二时段为西周初期，文化层较薄。这个时间段的遗迹仅发现一处烧土遗迹（SK5），分布在遗址中北部的4个探方内，具体位于商代铸造活动核心区的东北部，包含大量木炭、红烧土颗粒，疑似某类遗迹倒塌后形成的废弃堆积。此遗迹的 ^{14}C 测年数据为公元前 1211 ～ 前 1020 年。

第三时段为西周晚期至春秋时期，发现墓葬6座。这批墓葬沿渑水东岸分布，均位于商代大

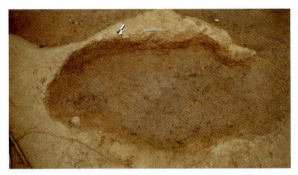

烧土坑 SK3
Burning Pit SK3

SK3 内器物出土情况
Artifact in Burning Pit SK3 in Situ

SK3 内器物出土情况
Artifact in Burning Pit SK3 in Situ

SK3 内器物出土情况
Artifact in Burning Pit SK3 in Situ

H48 内鼓风嘴出土情况
Tuyere in Ash Pit H48 in Situ

铜匕出土情况
Bronze Dagger in Situ

型铸铜台基的西部边缘，墓葬规格小、彼此间距大，形制均为长方形竖穴土坑（个别附有壁龛），单棺或一棺一椁，墓内随葬 2～4 件陶器，器物组合有鬲盂、豆罐、鬲盂豆罐等，多为日用陶器，年代为西周、春秋早期。

本次发掘出土的商代遗存十分丰富，年代相当于洹北花园庄期至殷墟一期，其文化面貌以商文化为主体，同时表现出大量的地方文化因素，对探讨长江中游地区商文化发展演变、地方文化发展演变、地方文化与中原文化的融合与交流都具有重要意义。

本次发掘出土的大量与铸铜有关的遗迹和遗物表明，郭元咀遗址是长江中游地区近年保存最完好、内涵最丰富的商代铸铜遗址，遗址中至少包含精炼粗铜、熔炼合金与陶范浇铸三类冶金生产活动。结合遗址中广泛发现的沙层等遗迹现象，初步确定了与熔炼、浇铸环节有关的数个手工业操作链，即就地制范、制沙淘选、筑造炉址、精炼粗铜、熔炼合金与陶范浇铸等。

K11 沙层、铜渣与碎范分层情况
Stratification of the Sand Layers, Copper Slag, and Mold Fragment in Casting Pit K11

实验室分析工作初步揭示洹北时期长江中游地区铸铜技术与中原都邑存在密切关联。郭元咀遗址出土的铜器及铜渣样品以高放射性成因铅为主，与洹北商城等都邑的金属资源一致，遗址出土的陶范质地较为粗糙，烘制程度低，也与洹北商城陶范相似，但显微物相分析表明范土以溳水流域特有的含有多硅白云母的红土为材料。这些分析工作对认识南方地区商代青铜器的资源与技术来源具有重要意义。郭元咀遗址作为溳水流域下游一个重要的商代铸铜遗址，也为研究中原商人水路南下的路径以及南下后形成的据点提供了重要线索。

按窝鼎足等器物的出土，显示郭元咀遗址与大路铺文化存在交流，暗示此地出土的铸铜原料或来源于鄂东等地的长江铜矿带，对揭示殷墟一期之后的青铜铸造活动的组织形态、原料运输路线等青铜时代重大学术问题具有重要价值。

郭元咀遗址以往曾发现商末周初的墓葬遗存，为研究鲁台山西周"长子国"族属与源流提供了线索。本次西周至春秋时期墓葬具有周文化特征，初步揭示了溳水中游地区周代考古学文化面貌。此外，在商代铸造活动核心区的东北部发现的烧土遗迹（SK5），可能是商代铸铜场所废弃或铸铜规模缩减后另一个与铸铜相关的遗迹，而且在商代铸造台基西部边缘上形成的周代墓葬也有可能是这个遗址上最后一批铸铜活动者的墓葬。这两个可能的疑点为讨论继商人之后周人是否曾继续在此进行铸铜活动提供了研究空间。

（供稿：胡刚 程小锋 张吉）

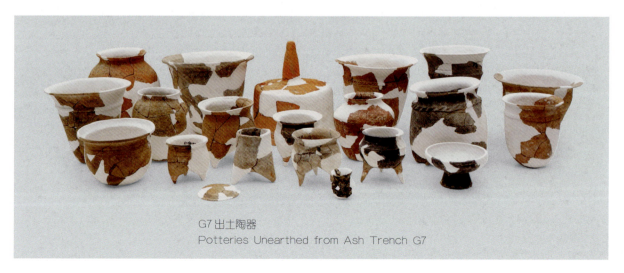

G7 出土陶器
Potteries Unearthed from Ash Trench G7

H42 出土陶范
Ceramic Mold Unearthed
from Ash Pit H42

坩埚残块
Crucible Fragments

铜块
Copper Chunk

G7 出土陶大口缸
Pottery Vat with a Big
Mouth Unearthed from
Ash Trench G7

石臼与石杵
Stone Mortar and
Stone Pestle

西周春秋墓出土陶鬲
Pottery *Li*-cauldron Unearthed from
the Western Zhou and Spring-and-
Autumn Tomb

西周春秋墓出土陶鬲
Pottery *Li*-cauldron Unearthed
from the Western Zhou and
Spring-and-Autumn Tomb

西周春秋墓出土陶罐
Pottery Jar Unearthed from the
Western Zhou and Spring-and-
Autumn Tomb

西周春秋墓出土陶豆
Pottery *Dou*-stemmed Unearthed
from the Western Zhou and
Spring-and-Autumn Tomb

The Guoyuanzui Site is located in Huangpi District of Wuhan City, Hubei Province, on the north foot of Lutaishan and the first-level terrace of the east bank of Sheshui. From March 2019 to December 2020, the Hubei Provincial Institute of Cultural Relics and Archaeology and other institutions excavated the site. The main body of the found remains dated from the Huanbei Huayuanzhuang Phase to the Yinxu Phase I. The excavation principally uncovered a large platform foundation for casting bronze and various bronze casting-related remains atop it. It should be the production location or abandoned areas for blister copper refining, alloy melting, and ceramic mold casting. The unearthed artifacts include bronze wares, casting objects, ceramics, and stone tools. The Guoyuanzui Site is the best-preserved, richest, and largest bronze casting site of the Shang Dynasty found in the middle reaches of the Yangtze River in recent years. It provided significant materials for studying the Shang culture's development and changes in this region after the Panlongcheng early Shang culture.

湖北荆州
枣林铺战国楚墓

ZAOLINPU CHU CEMETERY OF THE WARRING-STATES
PERIOD IN JINGZHOU, HUBEI

枣林铺墓地位于湖北省荆州市荆州区纪南镇枣林村，西濒朱河，南距楚国故都纪南城北城垣 0.5～1.5 公里。该墓地为战国中晚期楚都近郊的"邦墓"，墓葬分布密集，墓主等级多为士、庶阶层。为配合基本建设，经国家文物局批准，2019 年 2 月至 2020 年 12 月，荆州博物馆对工程建设范围内的墓葬进行了考古发掘，涉及枣林铺墓地中的唐维寺、造纸厂、熊家湾、彭家湾四个区域，其中 4 座墓葬中出土了竹简。

造纸厂 M46 为带墓道的竖穴土坑墓，墓向东。墓坑上部被现代建筑基坑破坏，现存坑口残长 4.16、残宽 2.19 米，残深 2.33 米。墓坑西南角被一口现代水井打破。葬具保存较好，为木质一椁一棺。椁盖板 8 块横铺，东西挡板各 3 块，南北挡板各 2 块，底板 4 块纵铺，最下横铺 2 条垫木。椁室内用横梁和隔板分为头箱和棺室两部分，头箱上另盖一块薄顶板。棺为弧形悬底式，用三道麻绳横向束缚，并用木楔加固。棺内用竹席包裹人骨一具，初步判断为成年男性，头向东。

出土随葬器物 34 件（套）。棺内出土带漆木鞘的铜剑 1 件，棺外南侧与椁板之间出土漆木弓、漆木柲铜戈、漆木柲铜矛各 1 件。其他随葬器物放置于头厢内，陶器、漆木器等集中放置于北半部，竹简和其他竹器集中放置于南半部。包括陶鼎、簠、壶各 2 件，陶盘、匜、斗、匕、盉、汤鼎、盥缶各 1 件，漆耳杯 4 件，木豆、俑各 2 件，木梳、箅、盾柄、镇墓兽各 1 件，骨镞 1 件，竹笥 2 合、竹席 1 卷及竹简 1 组。将仿铜陶礼器鼎、簠、壶与荆州雨台山、九店等楚墓所出同类器物进行对

比，判断该墓的年代为战国晚期前段。

荆州博物馆与荆州文物保护中心合作，成立了"枣林铺楚墓竹简保护整理研究小组"，使用专利技术对竹简进行了室内揭取，竹简编号数量为 704 枚，其中约 70% 为完整简。根据竹简形制、文字书写风格以及内容的初步释读，可将这批竹简分为 5 种 9 篇文献。《齐桓公自莒返于齐》内容与《国语·齐语》基本相同，今本《国语·齐语》分 7 章，本简不分章。简文中有少量溢出文句见于《管子·小匡》，例如简文中有"夫筦（管）中，天下之贤人也，在楚则使楚得志于天下，在晋则使晋得志于天下，在郾（燕）则使郾（燕）得志于天下"，今本《齐语》作"夫管子，天下之才也，所在之国，则必得志于天下"，今本《小匡》作"管仲者，天下之贤人也，在楚则楚得意于天下，在晋则晋得意于天下，在狄则狄得意于天下"。简文介于两者之间，故摘其篇首拟题。《吴王夫差起师伐越》内容与清华大学藏战国竹简中《越公其事》基本相同，但文句略有删润。有少量字形及用词不同，例如清华简中"雩公""雩王"，在本简中作"郾君""郾王"；清华简《越公其事》分 11 章，本简不分章；清华简篇尾最后一句"雩公亓事"，整理者认为是篇题，但也有不同意见者。本简篇尾作"郾君亓事也"，本整理小组赞同非篇题说，故摘其篇首拟题。《上贤》论述"天下之王公大人"如果不知"辵（上／尚）叚（贤）"，而只是任用亲戚、富贵、美好者，就会导致"其邦家不治而乱"。并列举三代之圣王事迹：禹任用咎（皋）繇（陶）与货（化）偰（益）、汤任用伊尹、周文王任用大（太）公芒（望），"而天下治也，

M46 椁盖板
Cover Board of the Outer Coffin of Tomb M46

M46 头箱顶板及棺室
Head-box's Top Board and Coffin Chamber of Tomb M46

以走（上／尚）叺（贤）也"。此篇与墨家主张的"尚贤"思想一脉相承，且行文语气多模仿《墨子》的《尚贤》《节葬》等篇章。《诗书之言》为先秦"诗""书"类文献的摘抄。每种文献的引文以"于《××》曰"标明出处。同种文献中的不连属语句，以"或（又）弍（一）凸（曲）曰"标识。引文篇题见于传世本《毛诗》的有《卬（抑）》《皇矣》《敬》《大明》等，见于《今文尚书》的有《西伯戡（戡）利（黎）》《㽔（微）子》《君奭》《康诰》《吕刑》等。也有古佚书《夏后之官刑》《汤之官刑》《武王之将事于上帝之兄》《利折（誓）》等。根据字体、字迹的不同，分为4篇，内容选录原则分别与墨家学派的"非命""非乐""天志""明鬼"等思想相应。《相马》前半部分详细论述如何鉴定良马，词多术语，句颇押韵。后半部分引申君王应当如何任用贤者，文风与《上贤》相似。根据简形制、字迹的不同，分为2篇。

造纸厂M46出土的战国竹书，数量较多、保存较好、形制规整、字迹清晰、内容丰富，是继荆门郭店楚墓竹简、上海博物馆藏战国楚竹书、清华大学藏战国竹简等之后，先秦典籍文献的又一次重要发现。其出土地点明确、埋藏年代可考，对于先秦时期考古学、古文献学、古文字学等各方面的研

M46 棺内人骨
Human Skeleton in the Coffin of Tomb M46

M46 头箱内随葬器物
Grave Goods in the Head-box of Tomb M46

M46 竹简出土情况
Bamboo Slips in Tomb M46 in Situ

M46 竹简出土情况
Bamboo Slips in Tomb M46 in Situ

竹简《齐桓公自莒返于齐》（局部）
Portion of the Bamboo Slips "Qi Huan Gong Zi Jǔ Fan Yu Qi"

竹简《上贤》（局部）
Portion of the Bamboo Slips "Shang Xian"

究，有较高的历史文献与文物考古价值。

　　唐维寺 M126、熊家湾 M43 和彭家湾 M183，均为随葬成套仿铜陶礼器的一椁一棺墓。分别出土竹简 8、2、12 枚，内容均为墓主生前因疾病而按照贞人的卜筮结论，祭祀神灵或先祖、祈祷消灾去疾。唐维寺 M126 的墓主为"乐尹须孟产"，卜筮时间为"燕客臧宾问王于蔵郢之岁"，根据陶器特征断代为战国中期后段。熊家湾 M43 的墓主为"㜎"，卜筮时间为"魏客南公□迊楚之岁"，根据陶器特征断代为战国晚期前段。彭家湾 M183 的墓主为"娥也"，其父为"蔵辵尹"、其先祖有"集定君""集庄君"，卜筮时间为"宋客左师乎迊楚之岁"及"齐客祝交问王于蔵郢之岁"，根据陶器特征断代为战国中期后段。这三批战国中晚期的卜筮祭祷简，不仅为研究楚人的宗教信仰增添了新的实物资料，也进一步验证了楚墓分期断代研究成果的准确性。

（供稿：赵晓斌）

陶鼎
Pottery *Ding*-tripod

陶簠
Pottery *Fu*-vessel

陶壶
Pottery Pot

陶盉
Pottery *He*-pitcher

陶盥缶
Pottery *Guan Fou* (Water Vessel)

漆剑鞘、铜剑
Lacquered Scabbard and Bronze Sword

铜戈
Bronze *Ge*-dagger Axe

铜矛
Bronze Spearhead

漆耳杯
Lacquer Eared Cup

木梳、木篦
Wood Comb and Wood
Fine-toothed Comb

彩绘木俑
Color-painted
Wooden Figurine

The Zaolinpu Cemetery is located in Zaolin Village of Jinan Town in Jingzhou District, Jingzhou City, Hubei Province, where had been the outskirts of Chu's capital Jinan City. The cemetery showed the characteristics of the civilian tombs in the middle and late Warring-States Period, the tomb occupants were scholars and ordinary people. From February 2019 to December 2020, the Jingzhou Museum excavated four areas of the cemetery: Tangweisi, Zaozhichang, Xiongjiawan, and Pengjiawan. Bamboo slips were unearthed from four tombs. Zaozhichang tomb M46 is a late Warring-States tomb, from which were unearthed 704 bamboo slips; they are large in number, clear in writing, rich in content, well-preserved and -organized, embracing high value in the fields such as archeology, classical philology, and paleography of the pre-Qin Period. Besides, eight, two, and twelve bamboo slips with contents of divination and sacrifice were respectively discovered from Tangweisi tomb M126, Xiongjiawan tomb M43, and Pengjiawan tomb M183, offering new materials for studying the Chu people's religious beliefs.

山西垣曲北白鹅两周墓地 2020 年发掘收获

EXCAVATION RESULTS OF BEIBAI'E CEMETERY OF THE ZHOU DYNASTY IN YUANQU, SHANXI IN 2020

北白鹅墓地位于山西省运城市垣曲县英言乡北白鹅村东（现为英言镇白鹅村），属于北白（鹅）遗址的一部分。北白（鹅）遗址面积约 20 万平方米，发现有新石器时代、商代、周代文化层和灰坑等。遗址地处北高南低的台塬之上，北端较宽、南端狭长，边缘沟汊纵横，除西北角外，四面环以河沟。墓地因屡被盗掘而发现，2020 年 4～12 月，经国家文物局批准，山西省考古研究院与运城、垣曲文物部门组成北白鹅墓地考古队，对该墓地进行了抢救性考古发掘。

发掘区域位于整个遗址区南侧，分上、下两个小台地，上方台地（Ⅱ区）发掘面积约 700 平方米，清理墓葬 5 座（M5～M9）、灰坑 16 个（H2～H17）；下方台地（Ⅰ区）发掘面积约 500 平方米，清理墓葬 4 座（M1～M4）、灰坑 1 个（H1）。

墓葬分布较为稀疏，以大中型墓葬为主，墓口面积 10～30 平方米，深 4～12 米。墓葬形制均为长方形竖穴土坑墓，南北向。大型墓葬口大底小，中型墓葬口、底同大。M6 为积炭墓，并以木炭填充椁外做二层台，其余墓葬均有生土或熟土二层台。除 M5 和 M9 外，其余墓葬均有腰坑，M6、M8 为空坑，其余坑内均殉狗一只。M5 和

M5 墓室正射影像图
Orthophotograph of the Tomb M5

M6被盗，仅能辨识出一椁，棺数不明；M1为两棺一椁，其余6座墓葬均为一棺一椁。能辨识墓主者皆头向北，仰身直肢。从墓葬位置及出土器物判断，M5、M6和M2、M3为两组夫妻异穴合葬墓，男性墓居东，女性墓居西。

M1位于Ⅰ区西侧，墓室长6、宽4、深12米。墓壁不甚平整，未见工具痕。填土为红褐色花土，夹杂料姜石，未经夯打。墓室填土中发现殉人一具，未见下肢。葬具为两棺一椁。椁盖板东西向横铺32块，南北帮板每侧8块，东西挡板每侧9块，椁底板南端东西向横铺4块，北端南北向纵铺20块。内、外棺结构不明，平面均近长方形，

内棺满铺朱砂一层。外棺盖板上规则排列有铅鱼和铜片饰。棺内墓主颈部、腹部、腰部等皆随葬玉、金串饰以及铜削刀。内、外棺之间有骨梳等。外棺底部有床架一类葬具。棺椁间西北角残存云雷纹漆器，平面呈长方形，变形严重。其南侧随葬铜矛2件，其中一件残存木柲。另有椭圆形漆器，叠放于车马器之上。棺椁间西部中间位置发现一带铜环桶形漆器，其南北有铜罐、盆、匜和铺。棺椁间中部偏南发现成组铜容器、编钟、兵器和车马器等。铜容器有鼎6件、簋6件、鬲6件、方壶2件、圆壶2件、铺2件，盘、爵、觯、匜、罐、盆各1件以及纽钟1套14件，兵器有戈、矛等，

M1 墓室正射影像图
Orthophotograph of the Tomb M1

M3 墓室正射影像图
Orthophotograph of the Tomb M3

M6 墓室正射影像图
Orthophotograph of the Tomb M6

M5 铜器出土情况
Bronzes in Tomb M5 in Situ

M1 出土漆鼓
Lacquer Drum Unearthed from Tomb M1

铜甗铭文
Inscriptions on Bronze *Yan*-vessel

M1 墓室内殉人
Human Sacrifice in Tomb M1

M9 墓室正射影像图
Orthophotograph of the Tomb M9

车马器有马面饰、衔、镳、铃等。棺椁间东北角随葬人面彩绘漆器以及铜钺、玉环铜削刀。棺椁间北端出土铜翣数件。该墓器物保存较为完整，14件铜编钟及6件铜鬲皆有铭文，内容大致相同。

M3位于I区北侧，西邻M2，东近M4，墓室长4.4、宽3.3、深7.2米，未被盗掘。该墓葬葬具为一棺一椁，保存较差，结构不明。随葬器物大多放置于棺椁之间，以铜器为主。东部和南部放置铜鼎4件、簋4件以及方甗、方彝、觯、杯、盘、小圆壶各1件，西侧中部放置铜戈1件、玉管1件，北侧放置石编磬1套8件，另有铜害、衔、马面饰等车马器以及铜翣、铜泡等。棺内墓主腰部位置随葬铜带饰1套5件。4件铜簋、3件铜簋盖以及铜方甗皆有铭文。

M5位于II区东南，西邻M6，墓室长6.6、宽4.4、深8米。该墓曾被盗扰，破坏严重，仅可辨一椁。棺椁之间东南角出土大量青铜器，包括鼎7件、簋6件、鬲6件、盨2件、壶2件以及铺、盘、匜各1件，墓室西南部发现大量铜翣、铜戈及衔、銮铃、管等车马器等，另有铜甬钟和残石磬各1件。出土铜器多带有铭文。

M6位于II区西南，与M5东西并列，墓室长6.2、宽4、深11米。该墓曾被盗扰，破坏严重，仅可辨一椁。椁外四周以木炭堆积成二层台，高约2米。棺椁之间出土大量青铜器，器形大致可辨，包括鼎8件、簋6件、鬲6件、罍4件、盨4件、盒4件、簠2件、方彝2件、罐2件、盘2件、盉2件、器盖2件、车2件以及觯、杯、匜、动物形器各1件，另有铜编钟1套9件、石编磬1套13件及铜车马器、玉饰等。2件盨和4件簋的盖和底部皆有铭文。

灰坑平面多呈圆形或倭角长方形，口径1~2、深0.3~2米。出土器物多为陶片，时代自东周至唐宋时期，以战国、秦汉时期为主。

本次发掘出土器物数量多，种类丰富，器物组合关系明确。9座墓葬共出土各类器物500余件（套），以铜器为主，另有石、陶、漆、玉、骨器等。铜礼器140余件，包括食器、水器、酒器、兵器、车马器等。还出土了成套的铜编钟、石编磬。随葬器物多出土于棺椁之间，铜容器和铜编钟多放置于棺椁之间南部，玉器多出土于人骨四周。个别器物具有北方草原和南方江淮文化的特点，表现了不同文化的碰撞和融合。在发掘和室内清理中，采集了皮、布、绳、竹席等有机质器物，有些还绑缚

于铜器器表或穿结于车马络饰之间；几件铜壶内保存有液体，初步化验表明其内含有酒精成分；铜盒内检测出油脂类化妆品成分，较为珍贵。

本次发掘最重要的收获是出土了59件有铭铜器，铭文可分为17篇，内容涉及人名、官职、族氏、媵嫁等。M1铜钟铭文有"荟公"，M3铜簋铭文记载周王"命夺司成周讼事和殷八师事"，M3铜方甗铭文"虢季为匽姬媵甗"，M5和M6出土的多件铜器出现"太保燕仲""燕太子"以及"中大父""太师""中辛""琱射"等内容。这些铭文传递的信息为解读墓葬族属提供了重要依据。

根据墓葬形制和出土器物特征分析，该墓地的时代应为两周之际至春秋早期。文献记载东都成周王畿范围"北得河阳"，即今太行山以南、黄河以北的区域，北白鹅墓地恰在其中，墓葬所在区域应属太保召公奭次子燕仲后裔随平王迁都成周洛阳后的王畿内采邑。

北白鹅遗址是一处内涵丰富、保存较为完整的大型遗址，它的发掘为研究晋南地区不同时期的埋葬制度、人群族属、社会生活等提供了新资料，对探索周代的采邑制度、晋南与成周地区之间的关系，探讨晋南地区文明化进程在整个中原地区地位具有重要意义。

（供稿：杨及耘 曹俊）

铜壶铭文
Inscriptions on Bronze Pot

铜甗
Bronze *Yan*-steamer

铜壶
Bronze Pot

铜簋盖内铭文
Inscriptions Inside the Cover
of Bronze *Gui*-tureen

铜簋
Bronze *Gui*-tureen

铜车形盒
Bronze Chariot-
shaped Box

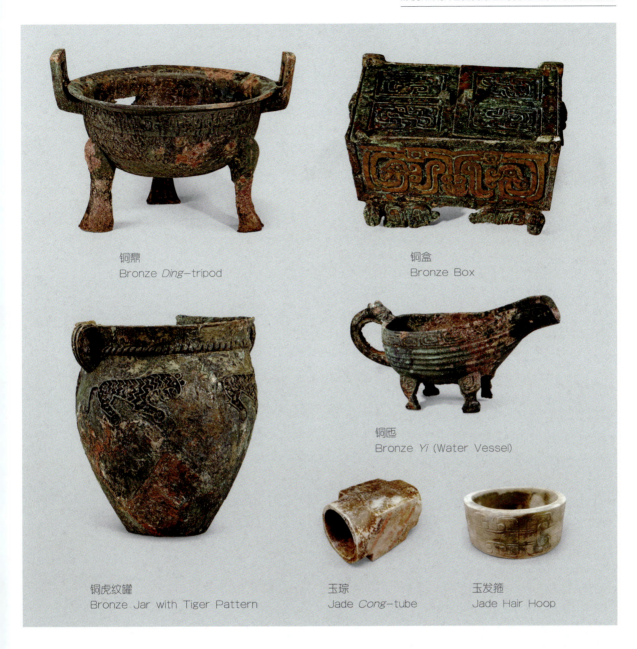

铜鼎
Bronze *Ding*—tripod

铜盒
Bronze Box

铜匜
Bronze *Yi* (Water Vessel)

铜虎纹罐
Bronze Jar with Tiger Pattern

玉琮
Jade *Cong*-tube

玉发箍
Jade Hair Hoop

The Beibai'e Cemetery is located in the east of Beibai'e Village in Yingyan Town, Yuanqu County, Shanxi Province. From April to December 2020, the Shanxi Provincial Institute of Archaeology and other institutions conducted a rescue excavation of an area of 1,200 sq m, discovered 9 large- and medium-sized tombs of the early Spring-and-Autumn Period and 17 ash pits from the Eastern Zhou to the Tang and Song Dynasties. Approximately 500 pieces (sets) of artifacts made of bronze, jade, and bone were unearthed, including over 140 pieces of ritual bronzes, of which nearly 50 pieces (sets) with inscriptions. The cemetery can be dated back from the transition time of the Western and Eastern Zhou through the early Spring-and-Autumn Period. Its location had been the fiefs inside the capital that belonged to the descendant of the Duke of Shao's second son - Yanzhong, who moved to the new capital Chengzhou (Luoyang), with the King Ping of Zhou. This discovery is of great significance to the investigations of the feudal system in the Zhou Dynasty, the civilization process in the southern Shanxi as well as its connection with the Chengzhou area.

山东青岛
琅琊台遗址

LANGYATAI SITE IN QINGDAO, SHANDONG

琊台遗址位于山东省青岛市西南部，距青岛市黄岛区驻地约 26 公里。遗址三面临海，起伏于主峰海拔 183.4 米的众山之上，现存秦汉时期大夯土台基、小夯土台基及小面积夯土、陶水管、石块构筑物等多处遗存。遗址保护范围总面积约 4 平方公里，建设控制地带面积 15 平方公里，2013 年被公布为全国重点文物保护单位。

历代文献中对琅琊台的记载丰富。《史记·封禅书》载"（齐地八神）八曰四时主，祠琅邪"。秦始皇曾三次巡视并"作琅琊台，立石刻，颂秦德，明得意"。此后秦二世、汉武帝、汉宣帝及东汉明帝等皆曾登临琅琊台。《水经注》记载此台："台基三层，层高三丈，上级平敞，方二百余步，高五里。"遗址自 1973 年以来经多次调查、勘探及配合或抢救性发掘工作，发现一系列重要遗迹。

2019 ~ 2020 年，经国家文物局批准，山东省文物考古研究院联合青岛市文物保护考古研究所对遗址进行了主动性发掘，发掘区分为大台台顶和距台顶中心约 1100 米的台西头村东南沿海两处，主要收获如下。

大台台顶的发掘采用探沟和探方结合的方式，发掘区又分为台顶东北部、台顶西侧和南坡三个发掘点。

台顶东北部据以往线索全面揭露陶管道 1 条，管道 3 列并排，大小口套接，南北向延伸，南高北低，管道南、北端均遭到后期破坏，未发现入水口。陶管体量普遍较大，截面呈梯形，管表面饰粗绳纹及瓦棱纹组合纹饰，不同部位的陶管在尺寸大小、管壁薄厚上有区别，南部地势较高且平整处所用陶管体量较小，管壁较薄；北部斜坡上的陶管体量较大，管壁较厚。大型陶管长 60、大端直径约 45、小端直径约 33、管壁最厚处 7 厘米。陶管道为夯土夯筑过程中埋置，管道与夯土之间普遍有一层致密的红褐色黏土，推测起到加固和防渗作用。北端有一较晚夯土，覆盖于管口之上，推测管道后遭废弃。

台顶西侧先布设探沟 1 条，随后进行扩展发掘，对大台西部夯土结构有了初步了解。夯土分为台基和地面两部分，台基壁面基本垂直于地面，探沟内观察台基现存一层。台基夯层厚 0.06 ~ 0.08 米，地面以下夯层厚 0.08 ~ 0.1 米，夯面平整，夯窝为平底，直径约 0.07 米，推测采用平底夯具，夯土较纯净，未见包含物。发现分版夯筑的痕迹，保留有比较清晰的版痕。夯土以上的堆积可分为 6 层，其中第④层出土宋元时期瓷片，可知此层以上年代不早于宋元，第⑤层和第⑥层均为大量碎瓦片及残砖块组成的堆积，推测与台基上的建筑有关，瓦片、砖块残碎而杂乱，应非原生倒塌堆积。

台顶东北部陶管道（上为北）
Pottery Pipeline on the Northeast of the Terrace Top (North-up)

台顶西侧探沟 TG1（西—东）
Exploratory Trench TG1 on the West Side of the Terrace Top (W-E)

台顶西侧台基夯层
Rammed Layers of the Foundation on the West Side of the Terrace Top

台顶西侧石砌地漏（西—东）
Stone-built Floor Drain on the West Side of the Terrace Top (W-E)

台顶西侧石铺道路（南—北）
Stone Paved Road on the West Side of the Terrace Top (S-N)

台西头村东南发掘区航拍（上为北）
Aerial Photograph of the Southeast Excavation Area in Taixitou Village (North-up)

台西头村"檐廊式"建筑基坑北排水沟局部（上为北）
Part of the North Drainage Ditch in the "Corridor-style" Foundation Pit in Taixitou Village (North-up)

台西头村东南发掘区出土筒瓦
Semi-cylindrical Tile Unearthed in the Southeast Excavation Area in Taixitou Village

台顶西侧 F1 及其北侧走廊（上为北）
House Foundation F1 and the North Corridor on the West Side of the Terrace Top (North-up)

　　探沟中段夯土地面上发现石砌地漏设施 1 处，平面呈正方形，边长 1.2 米，由多块长方形、梯形和三角形石板拼合而成，由四边向中间下倾，中间的正方形石板上发现方形孔洞。地面以下发现两列并排的陶管道 1 条，根据陶管扣合情况推测由北向南排水，管道南端遭到后期破坏，北端发现入水口。入水口由石砌水池及夯土上挖出的水沟两部分构成。水沟现存长约 6.3、宽约 1.5 米，沟底由北向南倾斜向下。水池位于水沟西南部，底部斜铺石板，石板南端以凹槽连接两节陶管，推测水由水沟流入水池，再由水池流入地下陶管道。水池和水沟交界处发现带有镂孔的方砖残块，可能起到过滤作

用。入水口、陶管道和石砌地漏共同构成一套较完整的排水系统，其中地漏位于入水口的下游，排入的污物由上游来水进一步较彻底地冲洗。

　　入水口水沟与夯土台基壁面平行，沟东壁贴砖并发现柱洞 3 个，推测沟与台基壁面之间为上有屋檐的走廊，廊道宽约 1.9 米。走廊南端发现门道 1 处，门道宽约 0.9 米，两侧各发现方形石柱础 2 块，柱础嵌入夯土，推测为壁柱柱础。门道以南夯土台基壁面向东凹进 1.2 米，门道西侧为厚约 1.2 米的夯土墙，台基凹进空间与夯土墙构成房间 1 座（编号 F1），石砌地漏即位于 F1 内。F1 东北角可见墙面贴砖现象，地面未见铺砖痕迹，东部发现嵌入地面

的石块4块，地漏东侧发现东西向石条2块。F1西部被完全破坏，南侧暂未清理，整体情况尚不明确。F1地面以上堆积为较晚一期的夯土，夯土平面范围略大于台基凹进空间，夯层较厚，包含较多瓦片残块。与较晚夯土同期的遗迹还发现排水沟1条，排水沟为露天铺设，由仰面排列的大型板瓦构成，叠压于陶管道上方的地面之上。

台顶出土大量建筑构件，主要为饰绳纹和瓦棱纹的筒瓦、板瓦，"千秋万岁"文字和卷云纹瓦当，以及多种纹饰的铺地砖和经加工形状方正的石条、石块等，推测年代为秦汉时期，应为台上及台基周围建筑所用。由发掘情况可知，大台台顶存在一处较为典型的高台式建筑。

南坡通过探沟解剖发现倾斜的夯层，推测与秦汉时期上山道路有关。夯土最底部的垫土层出土绳纹瓦片及半圆形素面瓦当残块，风格明显与台顶出土的同类器物不同，具有战国时期特征。

台西头村东南发掘区在先期进行的考古调查中，于沿海断崖上发现了一处陶片堆积，随即在其北部进行勘探，发现了大量瓦片堆积，推测与古代建筑有关。发掘区选择在瓦片堆积密集区域，采用10米×10米探方进行发掘。发掘区地形整体呈北高南低、西高东低状，发现的遗迹主要有建筑基坑、排水沟、渗水池等。

发掘区北侧发现一处建筑基坑，南北宽约5

米，东西长度因发掘面积所限未知，现已揭露长度约50米。基坑南北两侧沟内发现密集的瓦片堆积，部分板瓦、筒瓦保存完整且互相扣合，应为建筑塌毁的原生堆积。因此，推测其上原有覆瓦两面坡顶的"檐廊式"建筑，建造方式为先在地面挖出基坑，后在基坑内回填垫土找平，并在垫土两侧留有排水沟，最后在垫土上修建建筑。建筑倒塌时，南北两侧房顶的板瓦、筒瓦等滑落于两侧沟内，部分塌落在垫土之上。建筑基坑南侧发现一个圆形渗水池，以四块板瓦围拢而成，直径约0.75米，其东侧和北侧分别发现有圆形柱洞，直径约0.25米，西侧发现卵石铺成的小块散水遗迹，面积约0.8平方米。另外，发掘区内还有7条南北向沟打破建筑基坑及附属排水沟。出土器物绝大部分为绳纹板瓦、筒瓦、半圆形素面瓦当等建筑构件，另有少量豆、鼎足等陶器残块。根据出土器物推测，其建筑年代为战国时期。

琅琊台遗址是山东沿海一处重要的东周至秦汉时期遗址，据文献记载与周代齐国"四时主"祭祀、越国北上争雄以及秦汉皇帝巡视等重要历史事件有关。通过系统考古发掘，将逐渐揭示其真实面貌及历史内涵，从而为东周至秦汉国家祭祀制度的发展演变研究提供重要资料，同时为琅琊台遗址保护规划制定提供更为翔实的依据。

（供稿：吕凯 彭峪 于超 李祖敏）

台顶出土"千秋万岁"瓦当
Tile-end with Four Characters "Qian Qiu Wan Sui" Unearthed at the Terrace Top

台顶出土卷云纹瓦当
Tile-end with Cloud Pattern Unearthed at the Terrace Top

台顶出土菱形纹铺地砖
Floor Tile with Diamond Pattern Unearthed at the Terrace Top

台顶出土贴墙砖（背面）
Wall Tile Unearthed at the Terrace Top (Rear Side)

台西头村东南发掘区出土方格纹瓦当
Tile-end with Check Pattern Unearthed in the Southeast Excavation Area in Taixitou Village

台西头村东南发掘区出土陶豆
Pottery Dou-stemmed Unearthed in the Southeast Excavation Area in Taixitou Village

台西头村东南发掘区渗水池
Seepage Basin in the Southeast Excavation Area in Taixitou Village

台顶西侧陶管道南段（北—南）
South Section of the Pottery Pipeline on the West Side of the Terrace Top (N–S)

台西头村东南发掘区卵石散水遗迹
Remains of the Pebble Apron in the Southeast Excavation Area in Taixitou Village

台顶西侧排水系统入水口（上为东）
Inlet of the Drainage System on the West Side of the Terrace Top (East–up)

The Langyatai Site is located in the southwest of Qingdao City, Shandong Province, surrounded by seas on three sides. From 2019 to 2020, Shandong Provincial Institute of Cultural Relics and Archaeology and other institutions conducted an active excavation of the site. Three rows of pottery pipelines extending from north to south were uncovered on the northeast of the big terrace top. On its west top, archaeologists confirmed that the rammed earth could be differentiated into foundation and ground and found a relatively complete drainage system and a multitude of building components, indicating there had been a classic Qin-Han Period high-platform building. Also, remains such as the building foundation pit, seepage basin, drainage ditches, and many building components have been discovered alongside the southeast coast of Taixitou Village, which all belonged to the Warring-States Period. The Langyatai Site is a significant Eastern Zhou to Qin-Han Periods site found in the coastal area of Shandong Province. Its systematic excavation provides important materials for studying the national sacrificial system that evolved from Eastern Zhou to Qin and Han Periods.

河南伊川
徐阳墓地

XUYANG CEMETERY IN YICHUAN, HENAN

徐阳墓地位于河南省伊川县鸣皋镇徐阳村，中心地理坐标为北纬34°21′51.69″，东经112°13′09.51″，海拔283.3～291.5米。经国家文物局批准，2013年起，洛阳市文物考古研究院在以徐阳村为中心的顺阳河及其支流两岸台地上发现了墓葬400余座，车马坑15座，烧窑、窖穴、灰坑数千座。2015年起，共清理墓葬150座、车马坑4座、祭祀遗存9处（西周时期2处、东周时期7处）以及西周时期房址1座，并整体打包

车马坑2座。东周时期遗存为徐阳墓地的主体。

东周时期遗存包括墓葬、车马坑以及马、牛、羊头蹄坑和马、猪、狗、羊等祭祀坑。墓葬共132座，均为长方形竖穴土坑墓，其中大型墓5座、中型墓葬12座、小型墓115座。墓向以东西向为主，南北向为辅。大、中型墓葬具均为一棺一椁，小型墓葬具为单棺，葬式均为仰身直肢葬。大、中型墓西北处均有与之对应的车马坑或马、牛、羊头蹄祭祀坑。

15C 区 MK1 正射影像图
Orthophotograph of Horse Pit MK1 in the Area 15C

17A 区 M15 椁顶正射影像图
Orthophotograph of the Chamber Top of Tomb M15 in the Area 17A

17A 区 M15 底部正射影像图
Orthophotograph of the Bottom of Tomb M15 in the Area 17A

大型墓墓口面积 20～35 平方米。随葬器物主要有铜鼎、簋、豆、罍、壶、盘、匜、舟、编镈、编钟、曹辖以及石编磬、陶器、玉器、金器、玛瑙饰件、漆器、骨贝等。17A 区 M15 墓口长 7.85、宽 5.5 米，墓底长 6.87、宽 5.18 米，深 6.8 米。椁顶及侧板腐朽，底板尚有残存，长 5.6～5.8、宽 3.85～3.9 米。棺已腐朽，棺外侧髹漆，绘有纹饰。目前已发现人骨 6 具，腐朽严重，其中 5

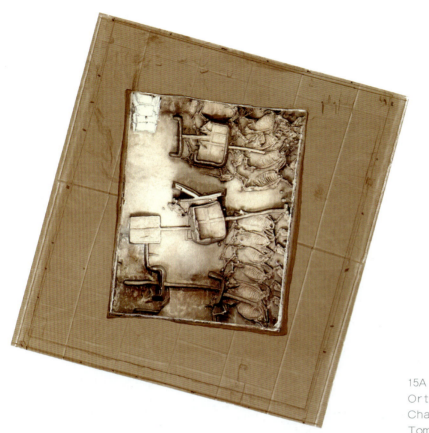

15A 区 M6 车马坑正射影像图
Orthophotograph of the Chariot and Horse Pit of Tomb M6 in the Area 15A

具应为殉葬者，人骨周围放置有大量贝币。随葬器物主要有铜饕餮夔纹编钟、石编磬、铜车马器、玉器、铜合页、铜饰件等。墓葬周围有车马坑、马坑、猪坑、狗坑等。17A 区 M10 已被盗扰，墓口长 5.4、宽 4.2 米，墓底长 4.83、宽 3.85 米，深 6 米。墓壁规整，残存椁底板 4 块，棺东西向放置。残存随葬器物有玉琮、铜车马器、玛瑙穿管等。墓葬西北处有车马坑。

中型墓大部分已被盗扰，墓口面积 10 ~ 20 平方米。随葬器物以铜器为主，组合为铜鼎、簋和陶罐，伴出铜镬、盒、盘、豆、舟、勺、剑、戈、环、斧、矛、镞、车马器及玉器等。墓葬西北处有车马坑或马、牛、羊头蹄祭祀坑。20A 区 M9 长 3.6、宽 2.44、深 6.05 米，壁面规整。椁痕长 3.1、宽 2.18、残高 1.14 米。棺痕因地下水侵蚀，保存较差。人骨头东脚西，腐朽严重，仅存头骨及股骨。棺内随葬器物有铜铃、铜剑、铜戈、玉覆面、玉片、铅饰等；椁内、棺外东南部放置有陶罐、铜豆、铜鼎等，西北部放置有陶罐、铜盘、铜豆、铜勺、铜舟等。

小型墓长 2.3 ~ 3.4、宽 0.9 ~ 2.5、深 1.5 ~ 4.5 米。墓向不一致，东西向 84 座，南北向 31 座。部分墓中发现有用狗或马、牛、羊头殉牲现象。随葬器物放置于壁龛或棺内，有陶单耳罐、绳纹罐、圆腹罐、鬲、盆、杯、鼎、碗、盘、舟、匜、铜矛、带钩、镞以及砺石、骨镞等。陶单耳罐内均有羊骨，陶鬲内有猪骨。陶器组合主要为单耳罐、圆腹罐、盆、鬲、罐、盆和鼎、豆、壶组合。陶单耳罐、圆腹罐、盆和鬲、罐、盆组合伴出铜戈、矛、锛、铲、勺、带钩、环、镞、车马器以及砺石、骨器、玉器等。陶鼎、豆、壶组合伴出石圭，偶尔伴出陶碗、杯、盘、舟、匜等。19A 区 M13 墓口长 2.2、宽 0.83 米，墓底长 2.25、宽 0.86 米，深 2.2 米。北壁距墓底 0.35 ~ 0.4 米处有一壁龛，东侧延伸至东壁内，宽 0.5、高 0.2 ~ 0.35、进深 0.25 米。棺痕长 1.84、宽 0.42 ~ 0.5、残高 0.2 米。随葬器物有陶罐、盆、单耳罐和铜镞等。人骨一具，保存较好，葬式为仰身直肢，女性，年龄为 45 ~ 50 岁。

清理车马坑 4 座，整体打包 2 座，其余皆尚未清理。已清理的车马坑均为长方形土坑，东西向，葬车 1～7 辆、马 2～28 匹，以及大量马、牛、羊头蹄。

此外还发掘马、狗、猪、羊及马、牛、羊头蹄坑等 7 座。马坑 1 座（17A 区 MK4），位于大型墓葬 17A 区 M15 西南部，形制为长方形竖穴土坑，东西向，长 1.78、宽 0.75、深 0.8 米。其内放置马 1 匹，头东尾西。狗坑 2 座，平面呈圆形和长方形。19A 区 H22，平面近长方形，长约1.7、宽 0.32～0.4、深 0.08～0.14 米。狗颈部两侧有铜环 20 个，应为项圈。马、牛、羊头蹄坑 2 座，平面呈方形和不规则马拉车形，其内放置马、牛、羊头蹄。19A 区 K1，平面呈不规则马拉车形。前部近圆形，直径约 0.8、深 0.4 米，出土马头、蹄 2 组；连接部位为长条形，长 1.82、宽 0.4～0.5、深 0.38 米；尾部呈长方形，长 1.82、宽 0.72、深 0.54 米，出土羊头、蹄 6 组。

西周时期遗存包括墓葬、祭祀坑、房址等。墓葬均为单棺，仰身直肢葬。随葬器物为陶鬲或鬲、罐组合，个别墓中伴出铜戈、泡钉等。随葬

器物均放置于墓主头部上方，普遍有在墓主足部、头部或口内放置贝币的现象。祭祀坑均为圆形，个别坑内有人骨二或四具。房址均为半地穴式，屋内有柱洞、灶坑等。

徐阳墓地主体遗存为东周时期墓葬及车马坑，随葬陶器的特征及组合，在车马坑或墓内放置马、牛、羊头蹄的殉牲习俗与春秋时期中国西北地区戎人的文化面貌、埋葬习俗以及春秋时期"秦、晋迁陆浑之戎于伊川"的陆浑戎相同，应为陆浑戎遗存。据文献记载，伊洛河流域很早以前就有戎人部族活动。《左传》僖公二十二年"初平王之东迁也，辛有适伊川，见被发而祭于野者，曰：'不及百年，此其戎乎！其礼先亡矣。'秋，秦、晋迁陆浑之戎于伊川"。据考证，陆浑戎分布的范围大致在今鹿蹄山以南、伏牛山以北、熊耳山以东区域内，涓水（今顺阳河）流域为其中心地带。陆浑戎活动的中心地域与徐阳墓地所在的涓水地理位置相符。陆浑戎自公元前 638 年迁入晋国"南鄙"之地伊川，至公元前 525 年陆浑国灭，

17A 区 M15 局部
Part of Tomb M15 in the Area 17A

17A 区 M15 出土铜编钟及编磬
Bronze Bells and Chime Stones Unearthed from Tomb M15 in the Area 17A

17A 区 M15 陪葬马坑
Horse Pit of Tomb M15 in the Area 17A

中型墓（16C 区 M10）
Middle Tomb M10 in the Area 16C

猪坑（20 西区 H13）
Pig Pit H13 in the Area 20 West

小型墓（19A 区 M13）
Small Tomb M13 in the Area 19A

大型墓（17A 区 M10）
Large Tomb M10 in the Area 17A

马、牛、羊头蹄坑（19A 区 K1）
Horse, Cow, and Sheep Heads and Hooves Pit K1
in the Area 19A

立国伊川凡 114 年。陆浑戎在伊河流域活动时间与徐阳墓地春秋中晚期遗存时代基本吻合。伊洛河流域诸戎之中，陆浑称"子"，身份虽不太高，但也是具有一定经济实力的小诸侯国，徐阳墓地车马坑的规模与其身份相符。

徐阳墓地的发现证实了文献所载"戎人内迁伊洛"的历史事件，为研究春秋战国时期民族迁徙与融合、文化交流与互动提供了重要资料。该墓地体现的文化融合与嬗变，是中原华夏文明的先进与包容性的重要体现，是中华文化五千年有容乃大、兼收并蓄、民族融合的实证。

（供稿：马占山　吴业恒）

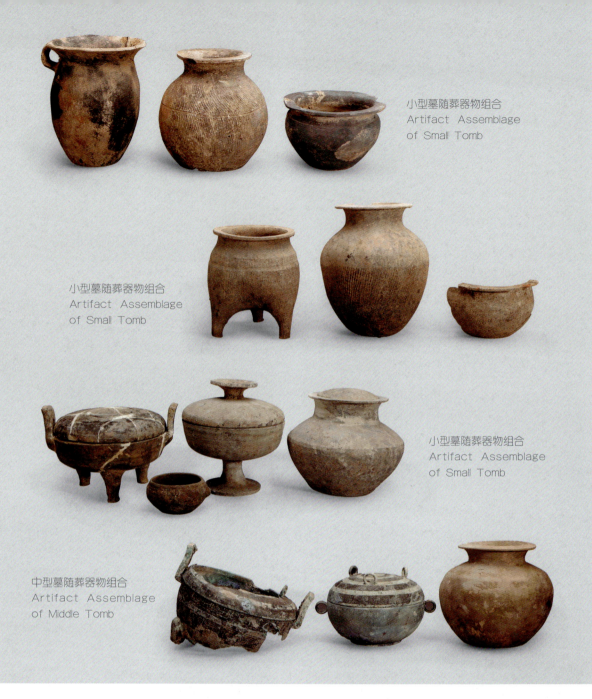

小型墓随葬器物组合
Artifact Assemblage
of Small Tomb

小型墓随葬器物组合
Artifact Assemblage
of Small Tomb

小型墓随葬器物组合
Artifact Assemblage
of Small Tomb

中型墓随葬器物组合
Artifact Assemblage
of Middle Tomb

The Xuyang Cemetery is located in Xuyang Village of Minggao Town, Yichuan County, Henan Province. Since 2013, the Luoyang Municipal Institute of Cultural Relics and Archaeology has discovered over 400 tombs, 15 chariot and horse pits, and thousands of kilns, cellars, and ash pits there; since 2015, another over 160 tombs, chariot and horse pits, and sacrificial pits have been excavated. 132 rectangular vertical earthen shaft pit tombs can be classified into three types (large, medium, and small) based on their sizes, from which a large number of artifacts such as potteries, bronzes, jade wares, and bone objects have been unearthed. The remains mainly comprised tombs, chariot and horse pits, animal heads and hooves pits (horse, cow, sheep) of the Eastern Zhou Dynasty. According to the found cultural characters, Xuyang Cemetery has been identified as remains of the Luhunrong – a branch of the Rong people active in the Spring-and-Autumn Period. The findings supplied critical materials for the studies of the ethnic migration and integration, cultural exchange and interaction in the Eastern Zhou Dynasty.

甘肃宁县石家墓地及遇村遗址 2019～2020 年发掘收获

2019-2020 EXCAVATION RESULTS OF SHIJIA CEMETERY AND YUCUN SITE IN NINGXIAN COUNTY, GANSU

石家墓地及遇村遗址位于陇东地区马莲河以东、九龙河以南的早胜原上，现隶属于甘肃省庆阳市宁县早胜镇。2016 年，甘肃省文物考古研究所开始对墓地进行发掘；2018 年，为配合国家基本项目"银百高速"公路建设，遇村遗址考古工作由此拉开了序幕。截至 2020 年，共发掘 70 万平方米，已初步明晰石家墓地及遇村遗址的空间分布与遗存内涵。

2019 年，甘肃省文物考古研究所继续对石家墓地南部西侧区域进行考古发掘，共清理东周时期墓葬 15 座。墓葬均为竖穴土坑墓，南北向，平面呈长方形，口大底小或口小底大。葬具分为一棺一椁、重棺和单棺。葬式多为屈肢葬，墓主头

向南者共 2 座。随葬器物与以往石家墓地所见基本组合形式相同，以铜礼（容）器、车马器、丧葬器、墓主随身器物等为主。

本年度最重要的收获是在石家墓地揭露出完整的"墙柳""棺架"与"棺束"等遗存。共清理带有木质框架的墓葬 4 座。保存完整的木质框架由上、下两层"口"字形结构及立柱组成。四角立柱及东西两侧各两根方形立柱，套接于上、下"口"字形结构之上，"口"字形结构之间各榫卯套接两根横木，平面呈"目"字形。木框顶部西北角残存南北向木板，推测与文献记载的"墙柳"相关。棺架遗存最具特色，数量较多，种类丰富。根据层数不同，可分为单层、双层及三层棺床；根据构建方式不同，

高等级建筑基址
High-class Building Foundations

高等级建筑基址 F3
High-class Building Foundation F3

F1、F7
House Foundations F1 and F7

F8、F10
House Foundations F8 and F10

可分为木板辅助枕木组合形式、细麻绳组构床面、其上覆竹席组合形式，棺周边围构方柱支撑木棺组合方式、细圆木穿插于方木内、其上东西向平铺茅草或竹席等。清理出的"棺束"遗存，横向 13 周、纵向 5 周。以往国内考古发现的楚最高等级墓的棺束遗存为横向 9 周、纵向 2 周。石家墓地"棺束"遗存的发现，对于探讨东周时期棺饰制度及丧葬礼仪具有重要学术价值。

2019 年，在遗址范围内新发现大型城址 1 座。城址平面呈长方形，南部遭冲沟毁坏，东西长约

660、南北最宽约 400 米，残存面积约 25 万平方米。城址外有环壕。"银百高速"公路西北-东南穿过城址，将城址分为南北两区，北城址区域为 I 区，南城址区域为 II 区。本年度发掘对北城墙一段进行解剖。城墙剖面呈梯形，上窄下宽，底部宽约 5 米。城墙采用挖槽起建，层层夯打的构筑方式，残存夯层 13 层。夯层厚度不均，每层厚 3～22 厘米。单锤夯筑，夯窝密集，较少发现重叠者，直径为 2～10 厘米。

2020 年的工作重心主要围绕城址壕沟、高等

级建筑基址及一般居住区展开。壕沟位于城垣外侧，对北城墙以外壕沟进行解剖，壕沟剖面呈梯形，口大底小，口宽 5.5、底宽 4.26、残深 2.18 米。坑壁斜直，近底部发现淤土，废弃堆积可分9层。高等级建筑基址位于城址东北部（Ⅰ区）。目前共发现9座，已对其中3座进行了清理。高等级建筑基址均为夯土高台建筑，周缘有台阶或"人"字形坡道。柱网为双列或单列，分布于高台周围，在中心柱周围发现祭祀现象。目前勘探发现最大者面积超过 200 平方米。一般居住区位于城址西北部（Ⅱ区）。遗迹主体为房址，分为半地穴式房址与平面夯土建筑。半地穴式房址平面近圆形或方形，居住面较厚，经人为有意识踩踏。个别房址一侧发现壁灶，与周围储藏坑、窖穴等相连，存在一定对应关系。夯土建筑平面呈

长方形，南北向。地基经夯筑，夯层厚度不均，多为 5～7 厘米。居住面周缘发现单列柱网结构，柱洞部分经解剖，柱础以料姜石或红烧土块铺砌。个别建筑中部发现灶坑，其内残存大量草木灰。部分房址门道方向朝北，与北部蓄水池存在一定对应关系。半地穴式房址与平面夯土建筑之间多存在打破关系，半地穴式房址年代偏早。高等级建筑区与一般居住区之间，发现大量灰坑、灰沟、窑址等，出土大量生产工具，如骨锥、骨钻、骨针、陶纺轮等，初步认为该区域与手工业遗存相关。

遗址出土遗物丰富，包括陶器、骨器、石器、铜器、玉器及动、植物遗存等。陶器分为泥质灰陶和夹砂灰陶两种，可辨器形有鬲、豆、罐、盆、甗、瓮等，多饰绳纹，附加堆纹、弦纹次之。骨器包括骨料、半成品及废料等，完整或较完整器

M176 墓室西侧棺束遗存
Coffin Ties Remains on the West Side of the Tomb M176

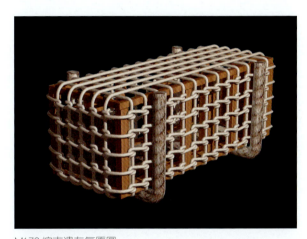

M176 棺束遗存复原图
Restoration Graphics of the Coffin Ties of Tomb M176

城址北城墙解剖局部
Part of the Dissected Northern Wall of the City Site

M171 外棺下棺束遗存
Coffin Ties Remains under the Outer Coffin of Tomb M171

M176 第一层棺架
First Layer of the Coffin Stand of Tomb M176

M176 第二层棺架
Second Layer of the Coffin Stand of Tomb M176

M176 第三层棺架
Third Layer of the Coffin Stand of Tomb M176

M46 木棺周围立柱
Posts around the Wood Coffin of Tomb M46

形以锥、笄为主。石器主要为磨制石刀。铜器与玉器仅零星发现，包括铜镞、玉玦等。动物遗存种属丰富，包括黄牛、山羊、绵羊、狗、猪、马、兔、竹鼠、褐家鼠、黑熊、蚌、龟、鳖、狍、梅花鹿、鱼类等，以哺乳动物为主，家养动物占比超过 90%。植物遗存包括大麦、小麦、穗轴、粟、黍以及豆科、禾本科植物等，其中以大麦、小麦、粟、黍为主。

近两年发掘收获表明该遗址为一处两周时期大型聚落，其功能与结构基本清晰。城址东北部为高等级建筑区，高等级建筑基址周围是否有城垣或环壕设施，有待考古进一步证实。城址西北部为一般居住区，房址内涵丰富，年代早晚延续。相比高等级建筑区，一般居住区的单体建筑面积偏小。城址外西侧偏南为东周时期高等级贵族墓地，城址外西侧偏北及北部为东周时期平民墓地。

石家墓地及遇村遗址的聚落形态大致可分为三期。第一期为西周早中期，以东西向墓葬为主体。部分东西向墓葬流行圆形腰坑，未殉狗；个别出土铜器有族徽，可能与殷遗民相关。第二期早段为西周晚期至两周之际，居住区半地穴式房址及南北向墓葬出现；第二期晚段为春秋早期，大型城垣、壕沟、高等级建筑出现，南北向高等级墓葬营建于城外西侧。第二期以周文化为主体，北方草原文化出现。第三期为春秋中期及以后，高等级建筑基址废弃，南北向高等级贵族墓葬继续存在，南北向平民墓葬出现。第三期仍以周文化为主体，秦文化因素大量出现，北方草原文化仍占有一定比例。石家墓地及遇村遗址的发掘，首次建立起陇东地区西周至春秋时期考古学文化序列，尤其是西周晚期至春秋早期这一关键节点上，对于认知周文化在西土统治格局的演进，即西周的灭亡与平王东迁后的西土政治格局具有重要学术意义。

陇东地区是周文化起源的重要区域，也是西周晚期以来，周人与西北地区戎人、秦人接触的前沿地区。石家墓地及遇村遗址新发现的多层次聚落结构，揭示了在这一关键区域内，周、秦、戎势力此消彼长的复杂关系，为研究这一时期族群交流、融合发展过程及中华民族多元一体格局的形成提供了重要资料。

（供稿：王永安 孙锋 杜博瑞）

玉项饰
Jade Pendant

陶罐
Pottery Jar

陶豆
Pottery *Dou*-
stemmed Bowl

陶盆
Pottery Basin

陶鬲
Pottery *Li*–cauldron

陶鬲
Pottery *Li*–cauldron

铜鼎
Bronze *Ding*–tripod

The Shijia Cemetery and Yucun Site are located in Zaosheng Town of Ningxian County, Qingyang City, Gansu Province. From 2019 to 2020, the Gansu Provincial Institute of Cultural Relics and Archaeology continued to excavate the sites and unearthed 15 tombs of the Eastern Zhou Period. The remains such as coffin cover (Qiang Liu), coffin stand, and coffin ties were complete-uncovered and of great value for studying the coffin decorations and funeral rituals of the Eastern Zhou Period. Archaeologists also newfound a large rectangular city site with a moat, covering a remaining area of about 250,000 sq m. The settlement patterns of the two sites can be classified into three phases: the first phase is the early and middle Western Zhou Period, the second phase is from the late Western Zhou to the early Spring-and-Autumn Period, and the third phase is the middle and late Spring-and-Autumn Period. This discovery established the developmental sequence of archeological culture in East Gansu from the Western Zhou to the Spring-and-Autumn Period, playing a significant role in understanding the fall of the Western Zhou and the political landscape of the western regions after the King Ping of Zhou moving the capital east.

西藏札达
桑达隆果墓地

SANGMDA LUNGGA CEMETERY IN ZANDA, TIBET

桑达隆果墓地位于西藏自治区阿里地区札达县桑达沟沟口,地处喜马拉雅山脉西段北麓,海拔 3700 米,地势北高南低,属山地半荒漠与荒漠地带。桑达隆果即藏语 Sangs-dar lung-mgo 的音译,意为"桑达沟口"。该墓地于 2017 年 12 月被首次发现,因墓葬形制及出土遗物体现出了独特的考古学文化特征,被国家文物局列为"考古中国"项目,予以重点文物保护专项资金支持。2017 ~ 2020 年,西藏文物保护研究所、札达县文物局对该遗址进行了考古发掘,现已取得阶段性重要成果。

墓地东西长 2000 余、南北宽 500 余米,以桑达沟为界,分为东、西两区。墓葬分为石丘墓、土洞墓两类。石丘墓目前仅见 1 座,采用大石块砌筑成竖穴方形墓室,墓室底部铺设细沙石。土洞墓共 52 座,按整体形制,可将土洞墓分为 4 型。A 型为单室土洞墓。长方形竖穴土坑墓道,墓室位于墓道一端。墓室平面近圆形,墓室顶部已毁,墓壁略外弧。B 型为哑铃形双室土洞墓。长方形竖穴土坑墓道,两端各连一墓室。主墓室平面呈马蹄形,墓壁向外略弧,次墓室平面呈圆形。C 型为无墓道单室土洞墓。墓口用大型卵石封堵,墓室平面呈马蹄形,平顶。D 型为双墓道单墓室土洞墓,仅发现 2018ZSEM26 一座。2018ZSEM26 东、西两侧各有一长方形竖穴土坑墓道,东墓道为西北－东南向,西墓道为东北－西南向。墓室位于两墓道的北端,平面呈马蹄形。墓壁略外弧,墓壁有凿痕,平顶。墓道内填沙土和少量石块,东、西墓道与墓室之间均用大石块封堵。

葬具分石板、草编器、木板和箱式木棺四类。埋葬方式分单人一次葬、双人一次葬、多人一次丛葬、二次捡骨葬四种,一次葬的部分尸骨上缠裹有纺织物。葬式分抱膝屈肢蹲踞葬、抱膝屈肢

墓地东区发掘航拍图
Aerial Photograph of the East Excavation Area of the Cemetery

土洞墓（2017ZSWM4）
Earth Cave Tomb 2017ZSWM4

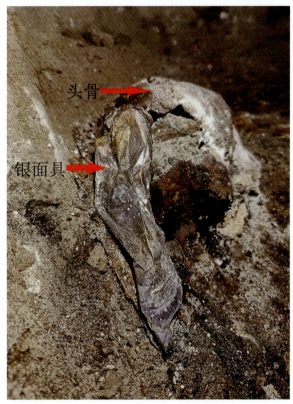

头骨

银面具

银面饰出土情况
Silver Face Ornament in Situ

葬、肢解葬三类。

　　出土器物丰富，有陶器、铜器、木器、石器、铁器、草编器、纺织物、金面饰、金挂饰、料珠、动物骨骼、人骨、木棺等。陶器可分为明器和实用器两类，明器以体形较小的假流陶器为

主；实用器以用于存储的深腹罐和用于烹饪的大口罐为代表。陶器器壁或器底凿有规则的圆形小孔。2017ZSWM3出土的木盘、木案、草编器内均装盛有青稞、动物骨骼等。桑达隆果墓地是目前所见探索西藏西部早期丧葬习俗最系统的墓葬

鎏金银面饰
Gilt Silver Face Ornament

鎏金银面饰
Gilt Silver Face Ornament

陶单耳鼓腹罐
Single-handled Globular
Body Pottery Jar

金挂饰
Gold Pendants

金面饰
Gold Face Ornament

料珠
Ancient Glass Beads

木碗（口沿处有铜釦）
Wooden Bowl (with Bronze
Buckle on the Mouth Rim)

The Sangmda Lungga Cemetery is located at the mouth of Sangdagou in Zanda County, Ngari Prefecture, Tibet Autonomous Region. It was first discovered in December 2017 then excavated by the Tibetan Cultural Relics Conservation Institute and the Zanda County Bureau of Cultural Relics. The cemetery is more than 2,000 m long from east to west and more than 500 m wide from north to south and has east and west two areas. The tombs can be classified into stone mound tombs and earth cave tombs; the funerary boxes had four types according to the material and shape, including stone slab, straw weaving, wooden board, and wooden box-shaped coffin; and abundant artifacts made of ceramic, bronze, wood, stone, iron, etc., were unearthed. The cemetery was in use from 366 BCE to 668 CE. Its discovery provided important materials for discussing the social structure and production model of the time, as well as its interchange with the southern foot of the Himalayas, Xinjiang, the Central Plain, and other regions in Tibet.

陕西宝鸡
陈仓下站秦汉祭祀遗址

XIAZHAN QIN-HAN SACRIFICIAL SITE IN CHENCANG DISTRICT OF BAOJI, SHAANXI

下站祭祀遗址位于陕西省宝鸡市陈仓区潘溪镇下站村，地处秦岭北麓渭河南岸的台塬之上，北距渭河河道仅800余米。台塬南北狭长，东西两侧为冲沟，南北长约4300、东西宽约600米。遗址位于台塬中部偏北，东西长540、南北宽约430米，总面积约23万平方米。2015年，为寻找秦、汉雍五畤，中国国家博物馆与陕西省考古研究院、宝鸡市考古研究所等单位联合，在宝鸡地区开展"秦汉雍五畤考古调查、发掘与研究"工作，相继发现了血池遗址、吴山遗址和下站遗址。经田野调查和勘探，初步明确下站遗址中心有一处面积较大的砖瓦堆积区，约2000平方米，平面呈不规则"凹"字形，砖瓦堆积区及周边分布有各类祭祀坑，共1400余座。

2020年6~11月，经国家文物局批准，中国国家博物馆、陕西省考古研究院、宝鸡市考古研究所、陈仓区博物馆联合对下站遗址进行了首次考古发掘。本次发掘共布设10米×10米探方8个，分南北两列，总计800平方米。发现祭祀坑、房址以及灰坑等70余处，出土大量马、牛、羊祭祀用牺牲以及铺地砖、瓦、瓦当、玉器、铁器和铜车马器。

遗址地层堆积相对简单，第①层为现代耕土层，厚约0.3米；第②层为扰土层，是20世纪70年代平田整地形成的地层，自南向北逐渐增厚，厚0.1~0.2米；第③层为文化堆积层，土质较硬，土色较深，关中地区俗称"黑垆土"，厚0.2~0.5米。除少数灰坑开口于第②层下外，其余祭祀坑和房址均开口于第③层下。

祭祀坑共52座，依据形制可分为2型。

A型为南北向长条形祭祀坑，东西向平行分布，共7座，开口宽0.5~0.6、深0.3~1.1米，横截面呈U形。坑内填土为五花土，较为致密，填土内未见任何遗物。坑底主要埋藏牛，两头牛间隔1~2米。牛呈跪伏状，四肢折叠，头向北。部分牛骨保存不完整，缺失颈椎和腰椎，头、四肢和躯干（包括胸椎、脊椎和肋骨）保存基本完整。经现场鉴定，牛的年龄均不超过3岁。除牛外，长条形坑内还放置羊，间隔不等，与牛叠放，多数压于牛下，骨骼不全。

B型主要为东西向长方形竖穴土坑，共45座，依据坑的尺寸和埋藏牺牲种类可分3亚型。Ba型共36座，略偏东北－西南向，口小底大，长1.8~2.2、宽1.6~1.9、深1.7米。坑内填土为五花土，较为致密，填土内未见任何遗物。坑底埋藏马4匹，马头向东，排列较为整齐，多为侧卧且相互叠压。经鉴定，马的年龄均不超过2岁。Bb型共2座，略偏西北－东南向，口底同大，长约1.7、宽约1.2、深1.2~1.3米。坑内填土为五花土，较为致密，填土内未见任何遗物。坑底埋藏羊4只，骨骼保存较差，摆放较为杂乱且相互叠压。经鉴定，羊均为幼年个体。Bc型共7座，略偏西北－东南向，

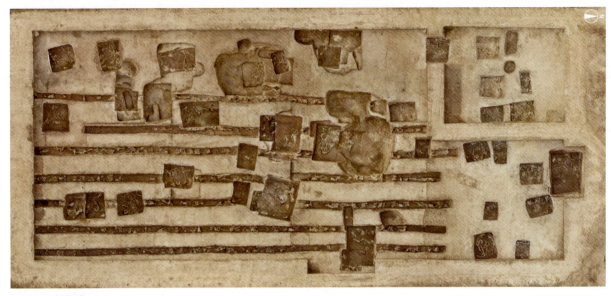

发掘区正射影像
Orthophotograph of the Excavation Area

A 型祭祀坑
Sacrificial Pit Type A

口大底小，长 2.7～3、宽 2.1～2.4、深 1.9～2.2 米。坑内填土为五花土，较为致密，填土内未见任何遗物。坑底埋藏牛 4 头，骨骼保存较差，头向西，侧卧，个体之间有叠压。经鉴定，牛的年龄均不超过 3 岁。

房址共 3 座，均为半地穴式。平面呈椭圆形或近圆形，长径 2.1～3.3 米，面积较小，打破 A 型和 Ba 型祭祀坑。在房址进门后右侧拐角处设有灶和烟道，西侧设有进入房子的踏步。从灶和烟道的红烧土判断，房子是经过较长时间使用的，年代不晚于西汉时期。灰坑共 20 余个，平面多呈圆形或椭圆形，口大底小，形制、大小不一，打破祭祀坑，年代与房址一致。

灰坑、房址内填土中出土大量砖、瓦、瓦当、陶器、铁器以及少量玉器。砖以回纹砖为主，少量为素面，均为残块，厚 3.5～4 厘米。瓦主要为弧形板瓦和筒瓦，表面饰绳纹，内壁以布纹为主，少量饰麻点纹。瓦当主要有云纹和文字瓦当两种，表面多覆盖一层红色矿物涂料。云纹瓦当是汉代较典型的类型，当心大圆点，双线四分界格，饰对称云纹。文字瓦当主要有"羽阳千岁""长乐未央"和"械阳"三种，前两者均为当心饰大圆点，双线四分界格，界格内分书四字篆书；后者当心饰双线圆环，双线四分界格，文字置于一个界格内，其余三个界格内饰卷云纹。陶器以罐、盆、鬲为主，罐小口、广肩、斜腹、平底；盆宽平沿、深腹、平底；鬲窄唇、鼓肩、矮档，足饰大麻点纹。少数罐、盆表面刻隶书文字，目前可辨识的主要有"密"和"宣房单仓"。"密"应为密畤之称。"宣房单仓"具体所指不明，西汉东郡有宣房宫，在今河南濮阳县，汉武帝时所建。铁器主要为农具和兵器，农具有"一"字形铁锸和有肩铁铲，兵器以短剑为主。玉器包含玉人、璧和璋，均残损。玉人为玉璧改制；玉璧纹饰是秦汉时期典型的谷纹（蒲纹），边缘阴刻凤鸟；玉璋呈灰白色，切割精细，表面素面。

通过本年度发掘可知，A 型祭祀坑分布向西止于砖瓦堆积区域，B 形祭祀坑向东的分布也止于此。二者在交错分布的区域有互相打破关系，Bc 型坑打破 Ba 型坑，二者共同打破 A 型坑，A 型坑年代最早。砖瓦堆积区内发现 3 座半地穴式房址，未发现夯土基槽，堆积亦无明显的规律性，

Ba 型祭祀坑
Sacrificial Pit Type Ba

Bc 型祭祀坑
Sacrificial Pit Type Bc

房址
House Foundation

应是建筑废弃堆积，建筑本身或许并在不此。房址和灰坑同时打破祭祀坑，年代晚于祭祀坑，从出土遗物判断，房址和灰坑的年代不晚于西汉时期；祭祀坑内填土相对纯净，未发现砖瓦，说明祭祀坑的年代早于砖瓦的年代。目前发现的瓦和回纹砖的年代从战国晚期延续至西汉时期，祭祀坑的年代早于此或与此同时。

下站遗址的祭祀坑数量多，内涵丰富，分布具有明显的规律性，与血池、吴山祭祀遗址相似，三处遗址的性质应相同，均为畤祭祀遗存。从祭祀坑和出土砖瓦等遗物分析，下站遗址的使用年代从东周时期延续至西汉时期。据《史记》记载，渭河南岸只有一处畤，"秦宣公四年作密畤于渭南，祭青帝"。发掘出土汉代陶文"密"字，与血池祭祀遗址出土"上畤""下畤"陶器相同，刻划在陶容器上，应具有相同的功能和意义。通过发掘并结合文献记载，可判断下站祭祀遗址是雍五畤之一秦宣公所建密畤，祭祀青帝，遗址延续使用至西汉时期，至西汉晚期王莽改制后被废。

（供稿：游富祥　杨武站　张晓磊　刘冉）

Bb 型祭祀坑
Sacrificial Pit Type Bb

玉璧
Jade *Bi*-dise

玉人
Jade Figure

玉璋
Jade *Zhang*-blade

"棫阳"云纹瓦当
Tile-end with Cloud Pattern and Characters "*Yu Yang*"

"长乐未央"瓦当
Tile-end with Characters "*Chang Le Wei Yang*"

"羽阳千岁"瓦当
Tile-end with Characters "*Yu Yang Qian Sui*"

铁锸
Iron *Cha*-shovel

铁铲
Iron *Chan*-shovel

五铢钱
Wu Zhu Coin

半两钱
Ban Liang Coin

"密"字陶片
Pottery Shard with Character "*Mi*"

"密"字陶片
Pottery Shard with Character "*Mi*"

"宣府单仓"陶片
Pottery Shard with Characters "*Xuan Fu Dan Cang*"

The Xiazhan Site is located in Xiazhan Village of Panxi Town, Chencang District, Baoji City, Shaanxi Province. The site is 540 m wide from east to west and 430 m from north to south, about 230,000 sq m. In 2020, with the National Cultural Heritage Administration's approval, the National Museum of China and other institutions excavated 800 sq m of the site; discovered more than 70 remains comprised of sacrificial pits, house foundations, and ash pits; unearthed many sacrificial animals such as horses, cattle, and sheep, as well as floor tiles, roof tiles, eave tiles, a small number of jades, ironwares, and bronze chariot parts and horse harnesses. Based on the analysis of these findings, archaeologists inferred that the Xiazhan Site had been in use from the Eastern Zhou to the Western Han Dynasty, and it should be the "*Mi Zhi*" – one of the "Five *Zhi* of Yong" (five sacrificial sites of the Yong city) – that built by the Duke Xuan of Qin to worship the Blue Deity (*Qingdi*).

甘肃礼县
四角坪遗址

SIJIAOPING SITE IN LIXIAN COUNTY, GANSU

四角坪遗址位于甘肃省礼县东北 2.5 公里处的四格子山顶，海拔 1867 米，山顶面积约 2.8 万平方米。2012 年，礼县博物馆进行野外调查时发现该遗址。同年，甘肃省文物考古研究所对其进行了勘探，发现约 3 万平方米的围墙和墙内 900 余平方米的中心建筑基址。2019 年，甘肃省文物考古研究所对该遗址进行了复探，发现城内中心建筑布局极有规律，多为回廊式建筑。2020 年，甘肃省文物考古研究所、复旦大学文物与博物馆学系联合对四角坪遗址进行了发掘，主要清理了中心台基建筑与南一东附属建筑。

本次发掘共布设 5 米 × 5 米探方 34 个，实际发掘面积 684 平方米。探方呈南北向排列，穿过遗址中部，根据目前的发掘成果结合勘探结果判断，该遗址是一处秦代大型礼制建筑群，遗址总面积约 2.5 万平方米。其核心是中部夯土高台、

高台中心半地穴式建筑，以及高台四周的附属建筑。附属建筑为东、西、南、北四侧的对称、平行的双排建筑，每排建筑有东西或南北两个房间，房间之间有通道连接。包括连接四侧建筑的拐角建筑在内，附属建筑残存面积约 8765 平方米。

遗址中部为夯土高台，高台南北两侧边缘有鹅卵石散水，散水宽 1.5 米，散水南北两侧原应有回纹铺地砖，已破坏，铺砌情况不明。高台南北长约 27、南侧散水外侧至北侧散水外侧长 33.2、散水内侧至高台边缘约 1.6 米。散水之上有大量瓦片堆积，表明高台边缘或有附属建筑，推测高台边缘原应有台阶，外包回纹空心砖。高台中部高，四周逐渐变低，现存最高处至散水面约 1.25 米。北侧散水下有暗渠，陶管道从夯土台下向北延伸，经散水后连接排水沟，北侧管道用回纹空心砖作为托架，管道已残缺。排水沟平面

F1 正射影图（上为北）
Orthophotograph of the House Foundation F1 (North-up)

发掘区正射影图
Orthophotograph of the Excavation Area

南围墙
Southern Enclosing Wall

西围墙
Western Enclosing Wall

F1 铺地砖
Floor Tiles of the House Foundation F1

F1 墙上铁钉
Iron Nail on the Wall of the House Foundation F1

板瓦
Flat Tile

残板瓦及散水折角
Flat Tile Fragment, and the Turning Corner of the Apron

散水两侧回纹砖
Tiles with Fret Pattern on Both Sides of the Apron

呈"八"字形，南窄北宽，用砖侧立砌两边，底平铺素面铺地砖，沟内东侧放置一块长条形回纹空心砖作为隔断，使排水沟被分为两道，暂未发现排水沟向东西两侧延伸。

F1 位于高台中部，为半地穴式房址。平面近正方形，边长 6.8、深约 0.7 米。房址东部有一台阶，似为门道。四角各有一柱洞，每个柱洞内有两根立柱，柱下有柱础石。目前清理的房址四壁并非原生壁面，应是坍塌堆积。除东壁门道处，其余墙壁均有一排排列整齐的铁钉，推测屋顶和地面之间原悬挂有帘子，铁钉为加固用。地面边缘高，

中部最低，南、北、西三侧地面平铺有正方形素面铺地砖，砖边长 32 厘米。房址中部偏东有一圆形坑（H1）。H1 口大底小，由上至下逐渐内收，口径 1.6、深约 3.1 米。坑内填土分 3 层，第①层呈灰褐色，土质致密较硬，包含物为残瓦片和残素面砖，另有一兽骨残段；第②层呈浅黄褐色，土质较松，包含少量残瓦片和残素面砖；第③层呈浅灰褐色，夹杂浅黄褐色土块，土质疏松，包含极少量残瓦片、残素面砖和零星炭屑；第③层下为生土。

附属建筑目前只清理了南北两侧平行对称建

高台北侧暗渠
Culvert on the North Side of the High-platform

筑的一部分，高台南侧的两排由北向南分别暂名南一建筑、南二建筑，高台北侧的两排由南向北分别暂名北一建筑、北二建筑。南一建筑东侧房间暂名南一东建筑（F5）。每排建筑的形制、布局一致，建筑之间的距离相同。南一建筑宽 9.6 米，四周有散水，散水内、外有回纹铺地砖。南一建筑距高台南侧散水 6.7 米，北一建筑距高台北侧散水 5.7 米。建筑内部分东、西两个夯土台基房间，台基之间有低于夯土台的通道。F5 四角及每边下均有柱础石，柱间距南北长 6.4、东西宽 5 米。东侧中部有门道，长 0.5、宽 1 米。推测台边外原包回纹空心砖。

根据出土建筑材料的特征和制作工艺，结合历史背景判断，四角坪遗址应是秦统一后即秦帝国时期的遗存。该遗址建筑主次分明、相互对称，结合其地理位置和文献记载，推测四角坪遗址是一处与祭祀相关的礼制性建筑群。四角坪遗址是国内罕见的秦帝国时期代表国家意志的礼制性建筑群，是从王国到帝国阶段转型的标志性建筑。遗址体量巨大，是中国古代统一国家形成初期风格和气魄的重要体现，它的发现丰富和补充了中国古代祭祀建筑体系，对研究中国早期祭祀制度具有重要意义。

（供稿：侯红伟）

整体建筑复原示意图
Restoration Rendering of the Entire Building Complex

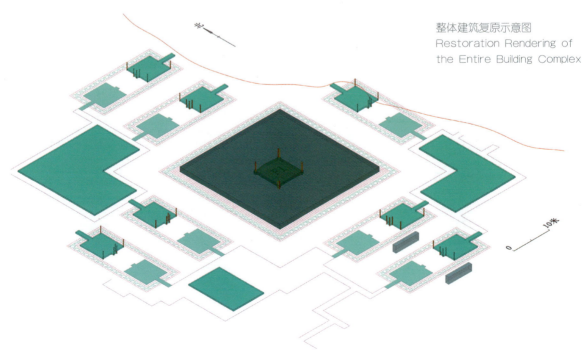

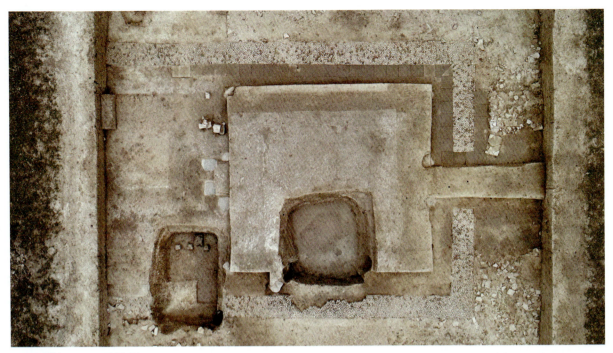

南一东建筑（F5）正射影图
Orthophotograph of the South-one-east Building Foundation F5

筒瓦
Semi-cylindrical Tile

瓦当
Tile-end

The Sijiaoping Site is located on the top of the Sigezi Mountain in Lixian County, Gansu Province. The core of the site is a rammed-earth high-platform building in the center and annexes around it. In 2020, the Gansu Provincial Institute of Cultural Relics and Archaeology and other institutions excavated 684 sq m of the site, chiefly uncovered the central high-platform building and the annex south-one-east. Given the characteristics of the unearthed building materials and production techniques, the site can be dated back to the Qin Period. Moreover, according to its geographic location and historical records, as well as its symmetrical and distinct layout design, archaeologists inferred that the site should be a ritual building complex for sacrifice-related purposes. The Sijiaoping Site is a rare ritual building complex that represented the national will of the Qin State. Its discovery enriched and complemented the ancient Chinese sacrificial architecture system and plays a significant role in investigating the sacrificial system of early China.

河北临漳邺城遗址东魏北齐宫城区 2015 ～ 2020 年发掘收获

2015-2020 EXCAVATION RESULTS OF THE EASTERN WEI AND NORTHERN QI'S PALACE-CITY AREA IN YECHENG SITE IN LINZHANG, HEBEI

邺城遗址位于河北省邯郸市临漳县西南，3 ～ 6 世纪历为曹魏、后赵、冉魏、前燕、东魏和北齐六朝国都。为配合大遗址保护及邺城考古遗址公园规划与建设，探索东魏北齐邺城宫城区平面布局，中国社会科学院考古研究所邺城考古队自 2015 年 7 月起对邺城遗址宫城区北部及周边地区进行了持续勘探与发掘。累计勘探面积约 20 万平方米，发掘面积约 7000 平方米，发现和确认了多处东魏北齐时期大型夯土建筑基址、小型院落、夯土墙、排水设施、道路以及汉晋时期的墓葬和窑址等，为探讨东魏北齐邺城的宫城范围、建筑格局及建造技术等提供了重要资料。

围绕东魏北齐邺城宫城中轴线上的核心宫院，邺城考古队先后发掘了 9 条探沟，并在宫院西北角和西南角开辟了 2 处探方区，确认了宫院范围和平面形制。宫院平面呈纵长方形，南北长约 1000、东西宽 354 米。宫院院墙墙体宽约 2.4、基础宽 3.5 ～ 4.5、深约 1.9 米。墙基部位贴砖，墙体残存带红彩的白灰墙皮。

宫院西北角的发掘明确了宫院西墙和北墙的宽度与走向，同时发掘出紧邻西院墙内侧的两组小型建筑。北侧的建筑保存较好，台基坐西朝东，面阔约 9.5、进深 5 米，台基外缘有宽约 0.6 米的砖铺散水和三角牙砖。台基东侧为小型院落，中部有卵石铺砌的道路。宫院西南角经发掘确认为一处曲尺形建筑，长、宽均约 6.5 米，外侧有宽约 0.7 米的包边沟槽。台面残存础石破坏坑，坑底有细沙铺垫层。曲尺形建筑向北和向东分别与宫院西墙和宫院南墙连接。

206 号大殿位于宫城中轴线北部，是宫城内

宫院东墙基础
Eastern Wall Foundation of the Palace Yard

宫城区北部发掘地点及主要遗迹
Excavation Sites and Main Remains on the North of the Palace-city Area

规模最大的殿堂式建筑之一。经全面揭露，发现了大殿主体所属的地上台基、地下基础、包砖沟槽、砖铺散水、卵石遗迹以及连廊、廊房、甬道、夯土墙、排水沟等周边附属设施。

　　大殿主体包括地上台基和地下基础两部分。地上台基平面呈长方形，坐北朝南，面阔40.6、进深33.3米。台明部分破坏较严重，残高约0.5米，台面上密布大小、深浅不一的灰坑数十个，坑内出土包括础石、砖瓦、饰纹石构件等在内的大量建筑材料，从分布规律及坑底残存的细沙铺垫层、碎石片分析，其中部分灰坑或具有特殊功用。台基正南分设东、西两条斜坡慢道，残存夯土长5.3、宽4.2～4.3米，夯土南缘可见斜铺条砖。慢道南端连接卵石铺砌的甬道，路面呈条幅状，以卵石拼砌成花卉图案。台基四周砖砌包边，多已被毁，仅存少量填缝碎砖及包砖，包边沟槽宽约0.88米。台基包砖外围为一周砖铺散水，双层铺砌，个别处残见方砖，边缘为侧立条砖和三角牙砖，宽2.32～2.5米。在散水外围还环绕一组大致等

距分布的卵石遗迹，间距1.13～1.48米。单个卵石遗迹平面近圆形，直径约0.35米，由上下两层小卵石堆砌而成。经解剖发现，大殿的地下基础分为南、北两半部分。南半部利用了早于大殿的一座大型夯土建筑的遗留，该建筑面阔52.69、进深30米，基槽深3.2～4米，为纯夯土结构。北半部的地下基础则打破了前述早期大型夯土建筑，东西长40.6、南北宽17.23、深约3.5米，该部分基础为夯土与瓦石交替夯筑而成。

　　大殿台基北部正中和东、西两侧南端均设有连廊。东连廊为东西两间形式，面阔8.4、进深6.5米，地面础坑与地栿槽残迹清晰。大殿东、西、北面连廊均通向相关附属建筑，经发掘确认了东、西两侧的廊房和北侧的复廊。东、西两侧廊房结构基本一致，西廊房台基东西宽10.6、残高约0.5米，台基上南北分布着9列础石破坏坑，础坑东西间距分别为2.2、4.5、2.2米，南北间距除大殿西连廊对应位置为5.2米外，其余均为4.2米，所有础坑底部都残留有一层厚0.01～0.03米的

206 号大殿及其附属建筑
Main Hall No. 206 and Annexes

宫院西南角
Southwest Corner of the Palace Yard

206 号大殿西侧慢道及甬道
Sloping Path and Corridor on the West Side of the Main Hall No. 206

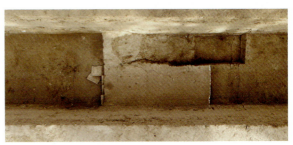

宫院东墙墙体
Eastern Wall Body of the Palace Yard

206 号大殿出土莲花纹覆盆础石
Column Bases with Lotus Design Unearthed from the Main Hall No. 206

206 号大殿台基包边、散水及卵石遗迹
Foundation Trim, Apron, and Pebble Remains of the Main Hall No. 206

宫院西北角
Northwest Corner of the Palace Yard

206 号大殿、东连廊及东廊房
Main Hall No. 206, East Connecting Corridor, and East Corridor Room

206 号大殿西侧附属建筑（上为西）
Western Annex of the Main Hall No. 206 (West-up)

206 号大殿北部和东北部附属建筑
Northern and Northeast Annexes of the Main Hall No. 206

细沙层。台基西边缘还发现一道早于廊房的夯土墙，墙体宽约 0.9 米，外侧有白灰墙皮，墙裙位置为红色墙皮。墙体西侧为宽约 1.2 米的砖铺散水，铺砖用条砖按"人"字形铺设。台基东侧的砖砌排水沟与散水合为一体，宽 1.2、深 0.45 米。廊房东西两侧均设有可供上下的斜坡慢道。此外，廊房西侧约 5 米处有一道南北向夯土墙，宽 1.15 米，墙基根部包砖。该夯土墙内外两侧还各有一条砖砌排水沟，宽约 1.2 米。从夯土墙在东、西廊房两侧的对称分布来看，该夯土墙应为以 206 号大殿为中心院落的外围边界。

206 号大殿北侧复廊是一条东西向的长条形建筑，通过大殿北部正中的连廊与大殿相连接。台基南北长约 6 米，东西向等距分布础坑 6 列，中部残存一道墙基，推测为复廊式结构。复廊每间进深 2.2 米，面阔除正对大殿北连廊处为 5.3 米外，其余均为 4.6 米。复廊南、北两侧残存包砖和填缝碎砖，其外散水、排水沟保存较好，散水宽约 1 米，北侧中部对应大殿轴线处略宽，为 1.3 米。散水外缘亦发现大致等距分布的小卵石堆，间距 1.1 ～ 1.3 米。复廊东段发现南北向砖砌排水沟 1 条，宽 1.1 米。

大殿东北部结构较为复杂，可分为南、北两部分。南半部分为大殿东廊房的北端，北半部分为大殿北部院落东廊房的南端，两者形成曲尺形拐角，其间有一道东西向隔墙，建筑形制亦存在差异。南半部分建筑结构、尺寸与大殿西廊房相同，为进深三间形式，中间廊房较宽，两侧廊道略窄。北半部分建筑台基东西宽约 11.1 米，东侧散水宽0.9 米，西侧为排水暗沟，宽 1.2 米，其西侧亦均匀分布小卵石堆，破坏严重。台基上柱网密集，现仅残存础石破坏坑，多数坑底可见细沙铺垫层。础坑南北向间距大致相当，均为 4.1 米，东西向间距自西向东依次为 3.7、4.1、2 米。在台基东端发现两道带有白灰墙皮的夯土墙，宽约 0.62 米，其中东侧墙与柱网对应，西侧墙略偏于柱网西侧，墙体和廊房向向北延伸。

宫城区出土遗物以砖、瓦、石质建筑材料为主，除东魏北齐时期常见的表面黑光的板瓦、筒瓦、莲花瓦当、兽面瓦、鸱尾外，还有大量青石、白石质的柱础石、铺地石、饰纹石材等，显示出极高的建筑规制。此外，也发现大量品质较高的碗、罐、瓶等日用陶瓷器皿，以及带扣、节约、铊尾等鎏金铜马具。

持续的勘探和发掘使我们对东魏北齐邺城宫城范围、建筑格局及工程技术等方面有了全新的认识。

首先，确认了宫城内部位于中轴线上的宫院结构，为探索宫城范围、平面布局和宫院制度提供了重要线索，深化了对东魏北齐邺城宫城区结构与布局的认知。

其次，新发现了一批规模宏伟的宫室建筑，全面揭露了位于宫城中轴线北部以 206 号大殿为中心的建筑组群，确认了该建筑单元的平面构成和基础结构，对了解北朝晚期大型宫殿建筑群的建设理念、结构布局和建造技术具有重要的学术价值。

第三，出土了大量高级别的建筑材料和宫廷用具，丰富了对北朝晚期建筑、雕刻、陶瓷等工艺技术的认识。

第四，宫城区范围内发现较多汉晋时期墓葬、窑址，为了解这一区域的历史沿革以及探讨邺北城时期的城市布局和功能分区提供了重要线索。

（供稿：何利群 沈丽华 朱岩石 郭济桥）

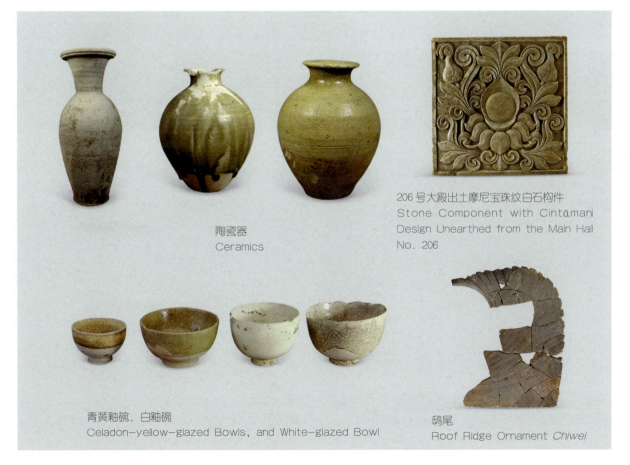

陶瓷器
Ceramics

206 号大殿出土摩尼宝珠纹白石构件
Stone Component with Cintāmani Design Unearthed from the Main Hall No. 206

青黄釉碗、白釉碗
Celadon-yellow-glazed Bowls, and White-glazed Bowl

鸱尾
Roof Ridge Ornament Chiwei

莲花纹铺地石、铺地砖
Tiles with Lotus Pattern and Floor Stones

瓦当
Tiles—ends

板瓦
Flat Tiles

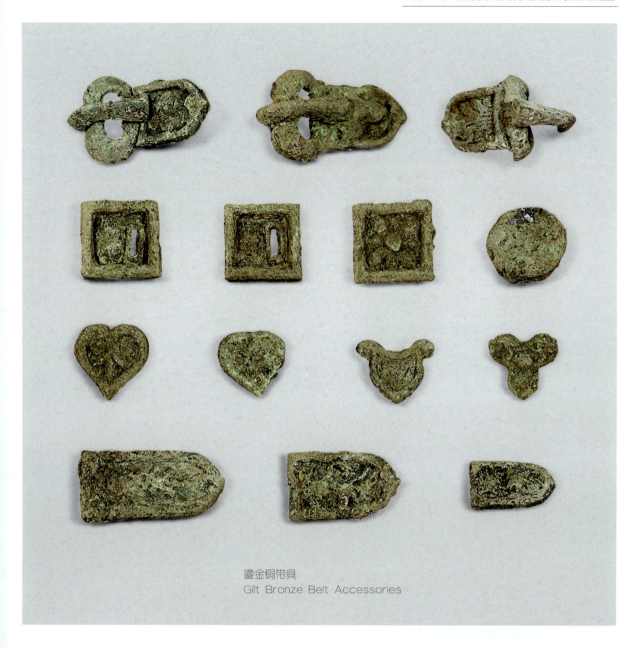

鎏金铜带具
Gilt Bronze Belt Accessories

The Yecheng Site is located in the southwest of Linzhang County, Hebei Province. It was the capital of Six Dynasties from the Cao Wei to the Northern Qi. In order to explore the layout of the Eastern Wei and Northern Qi's palace-city area in the Yecheng City, from 2015 to 2020, the Yecheng City Archaeological Team consecutively and systematically surveyed and excavated the north of the palace-city area. The survey area was about 200,000 sq m, and the excavation area was about 7,000 sq m. The project discovered and confirmed many large-scale rammed-earth building foundations, rammed-earth walls, and drainage ditches of the Eastern Wei and Northern Qi Periods, and tombs and kilns of the Han and Jin Dynasties. Most of the unearthed artifacts are building materials such as bricks and tiles, as well as various types of household ceramics. The findings provided critical materials for profoundly understanding the layout, construction, and nature of the palace city of Yecheng during the Eastern Wei and Northern Qi Periods.

内蒙古武川坝顶
北魏阴山皇家祭天遗址

BADING YINSHAN IMPERIAL HEAVEN WORSHIP SITE OF THE NORTHERN WEI DYNASTY IN WUCHUAN, INNER MONGOLIA

坝顶遗址位于内蒙古自治区呼和浩特市武川县大青山乡坝顶村西南约1公里的大青山蜈蚣坝顶。大青山属于阴山山脉中段，蜈蚣坝顶部山势平缓，海拔1660米。20世纪80年代第二次全国文物普查时发现该遗址，此后有学者陆续调查，对其性质一直存有争议。2014年，内蒙古文物考古研究所对坝顶遗址进行了详细调查，通过对遗址形制结构及地表采集遗物的综合分析，初步推断其应为一处北魏礼制建筑遗址。2019～2020年，经国家文物局批准，内蒙古文物考古研究所对该遗址进行了考古发掘。

发掘区位于遗址中部与东南部，共布10米×10米探方100个，目前已发掘1300平方米。遗址自

祭坛航拍图（上为东北）
Aerial Photograph of the Altar (Northeast-up)

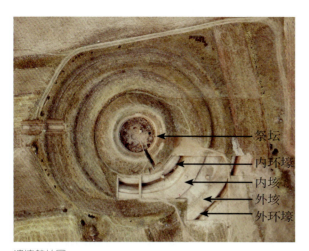

遗迹航拍图
Aerial Photograph of the Remains

祭坛门道（内—外）
Gate Pathway of the Altar (Inside—Outside)

内而外由祭坛、内环壕、内垓、外垓、外环壕等五部分组成。

祭坛位于遗址中心，四周环绕圆形墙垟，墙垟为夯筑土墙，内径约 15.5、外径约 32.5、底宽约 8.5、顶部最宽处达 5、残高 2.9～4.4 米。东南墙设门，方向为 150°。门道长约 8、宽约 1 米，两侧可见残高 0.9～1.7 米的炭化木壁柱，其中东壁 28 根、西壁 21 根。门道踩踏面土质坚硬，正中有宽约 0.25 米的凹槽排水沟。

祭坛内部东侧有两个不规则坑，其他部分环绕墙垟内缘有成排的房址，中间形成一个近方形的露天场所。建筑构件为木质，均已炭化，材质有榆木、松木、柳木等。墙垟夯土墙内壁之上可见环绕的木壁柱 22 根，残高约 1 米，间距为 2～2.5 米。从部分可辨识的房屋坍塌遗迹看，房屋内部均有木柱支撑，两侧有成排的木柱隔墙，顶部以木椽作架，其上覆盖草拌泥。房址进深多约为 5 米，多数房址的开间难以辨识，两侧木柱隔墙较为明确的一座房址的开间约为 4 米。初步推算，整个墙垟内部的房址约为 9 间。这些房屋可能具有安放祭祀的"木主"神祇的功能。大部分房址内出土有陶器，另有少量石器、铁器等。这些陶器应该就是《魏书·礼制》记载的祭祀所用陶匏。中间的方形露天场所四周有木柱围绕，边长约 6.5 米，为祭祀时主祭人员的活动场地。

距墙垟墙体外缘约 4.4 米处有内环壕环绕，为在山体基岩上开凿而成的环壕。环壕开口宽约 5.1、底宽约 1.2、深约 2.3 米。内环壕外侧为内垓，

祭坛门道西壁壁柱
Pilasters of the Western Wall of the Altar's Gate Pathway

内环壕底部出土动物骨骼
Animals Bones Unearthed from the Bottom of the Inner Ring Trench

祭坛内部航拍图
Aerial Photograph of the Interior of the Altar

二者间距约 2 米。内垓由从内环壕中挖出的沙石夯筑而成，内径约 55.5、外径约 67.5、墙体宽约 6、残高 0.5～1.2 米。内垓外侧为外垓，二者间距约 7 米。外垓由从外环壕中挖出的沙石夯筑而成，内径约 81.5、外径约 89.5、墙体宽约 4、残高 0.4～1 米。外垓外侧为外环壕，二者间距约 1.5 米。外环壕开口宽约 3、底宽约 0.85、深约 1.4 米。外环壕开口外缘的直径约 98.5 米，由此可计算出遗址本体的占地面积达 7620 平方米。

内垓、外垓是陪祭人员站立的平台，内环壕、外环壕可以起到保护皇帝与陪祭人员的作用。目前，在内、外环壕之上尚未发现通往祭坛门道的道路遗迹，推测祭祀时可能搭置木板通行。内环壕的废弃堆积中出土有北魏时期的陶片、残砖、板瓦等。内环壕之内，有两个地点出土了用于祭祀的动物骨骼。第一地点位于环壕底部，主要是马、羊的头骨和肢骨，初步鉴定有 12 匹马、2 只

羊的个体，部分骨骼表面有火烧痕迹，周围覆盖有红烧土和炭化木头。第二地点位于环壕距地表约 1.85 米处，出土两个马头和一个羊头。这两处地点应为两个不同年代的祭祀遗存。对第一地点出土马骨进行碳十四测年，年代范围为 430～490 年。

祭天是拓跋鲜卑的重要传统。398 年道武帝拓跋珪定都平城后，自太武帝拓跋焘（423～452 年在位）始，北魏皇帝通常每年夏天都要北巡盛乐及阴山地区，形成了《宋书·索虏传》所谓的"阴山却霜"之俗。在阴山之中，建有广德殿（今武川县圪塔古城）、阿计头殿（今武川县土城梁古城）等行宫，皇帝于此避暑、狩猎、讲武。

坝顶遗址所在的大青山蜈蚣坝（onggon dabaga），为蒙古语"神山"的音译，北魏时期名为白道岭，白道岭之上有白道贯通阴山南北，皇帝行幸阴山多经由此路。据《魏书·高祖纪》

记载，太和十八年（494年），孝文帝拓跋宏在由平城迁都洛阳之前，于七八月间北巡盛乐及阴山地区，先后举行了"谒金陵""行幸阴山，观云川""幸阅武台，临观讲武"等活动，其中"行幸阴山，观云川"即指在坝顶遗址举行祭天活动。依照古代皇帝祭天礼仪，祭祀活动结束之际，晚上要举行"望燎"仪式，皇帝手执火把点燃柴堆，神职人员且歌且舞，所有与祭人员仰望星空，目送天神回归天庭。"观云川"应即"望燎"，《魏书》以"观云川"仪式指代孝文帝的整个祭天活动。

综合来看，坝顶遗址的性质应为北魏阴山皇家祭天遗址，最早可能修筑于太武帝拓跋焘"阴山却霜"期间。自太和十八年孝文帝亲自主持阴山祭祀之后，太和二十一年（497年）孝文帝曾"谒金陵"，但未巡幸阴山，孝文帝之后的北魏皇帝已不再巡幸盛乐及阴山地区，但祭祀活动应并未中断。从祭坛内部房屋建筑大规模过火的情形来看，整个建筑极有可能毁于524年爆发的"六镇之乱"中。

从中国古代皇家祭天遗存的发展史来看，目前发现时代较早的，有位于陕西宝鸡凤翔的秦汉雍山血池遗址，此后有西安隋唐圜丘、北京明清天坛。坝顶遗址的发掘及其性质的认定，填补了魏晋南北朝时期皇家祭天遗存的空白。拓跋鲜卑作为来自大兴安岭地区的北方游牧民族，在向南迁徙的过程中，主动学习中原文化，创立的北魏王朝（386～534年）也成为中国历史上第一个由北方游牧民族建立的统一黄河流域的封建王朝。北魏王朝传承并延续了中原王朝的传统祭天礼仪，是各民族共同创造中华民族共同体历史的真实体现。

作为拓跋鲜卑的龙兴之地，北魏盛乐旧都的考古学研究工作仍然处于起步阶段，坝顶遗址考古发掘的重要收获为之开启了一个新的篇章。

（供稿：张文平　丹达尔）

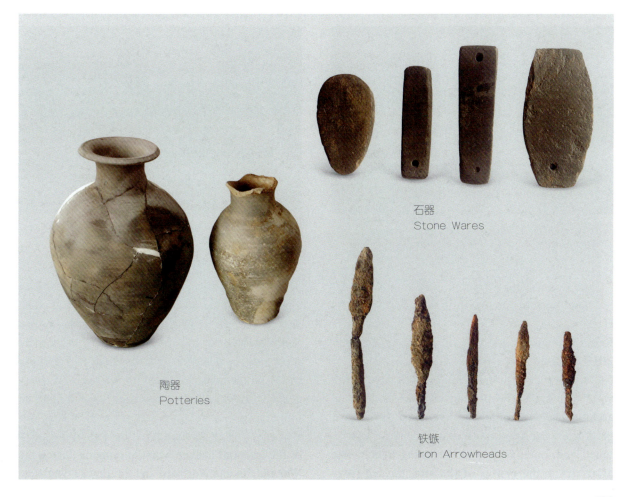

陶器
Potteries

石器
Stone Wares

铁镞
Iron Arrowheads

石棺床
Stone Funerary Couch

石棺床雕刻图案
Stone Funerary Couch Carvings

器物出土情况
Artifacts in Situ

但脱落较为严重。围屏为浅浮雕，图案共分十二单元，刻有墓主出行、宴乐、修行、闻道、起居等日常生活场景和宗教典故，床座为透雕和浅浮雕相结合，图案最为精美，雕刻有瑞兽、神王、圣火坛、天宫伎乐等，正面壶门内各雕一瑞兽，壶门之上刻手持乐器，骑马或骑羊的伎乐人物，壶门两端各雕有一神王，右侧为四臂神王。图案繁缛神秘，色彩艳丽，部分残存贴金，具有浓厚的祆教和佛教风格，可能与祆教和早期佛教有关。

棺床前立有石屏风一块，由青石制作而成，长1.15、高0.91、厚0.15米。石屏风前后均有阴刻纹饰，四周饰圆圈纹一周，正面上方刻有题记："苏太子者，献公之太子也，行至灵台，蛇绕左轮，御仆曰：'太子下拜，吾闻国君之子，蛇绕左轮，必速得其国。'太子泣曰：'若得国，

是吾君岂可以生。'随伏刃而死。"右下角为驷驾出行图，车左轮缠绕一蛇，车前车后有仪仗，画面左侧为花草树木及楼台。所刻图案均与刘向《新序·节士》所记载内容相吻合。

该墓早期曾遭盗掘，墓葬上部被破坏，未见人骨，但残留随葬器物仍较为丰富，主要放置于棺床四周及墓室四角，包括日用瓷器、素烧瓷模型、素烧瓷俑、素烧瓷镇墓兽、石俑等130余件。壶门内出土男侍俑8件、女侍俑5件、女侍俑下半身残件1件及女侍俑头2件。出土器物做工考究、造型精美、色彩艳丽，具有极高的研究价值。棺床前方正对甬道口处，东西两侧分别放置墓志一合。据墓志记载，墓主麹庆为陇西北平人，曾为北齐平阳王（高淹）府参军事，迁司马，振威将军。麹庆卒于隋开皇十年（590年），葬于相州相县灵

泉乡。夫人韩氏，昌黎夏城人，祖上可追溯至先帝颛顼。

该墓规模较大，布局严谨，砌筑和雕刻技术高超。其中石墓门、石棺床、石屏风等雕刻极为精美，是北朝至隋代墓葬石刻艺术的代表之作。石棺床发展于北朝，隋代形制趋于完备。麹庆墓石棺床保存完整，纪年明确，其上彩绘和贴金工艺水平较高，它的发现为进一步研究石棺床的时代特征、发展延续、形制演变等提供了珍贵资料。

墓内出土的相州窑瓷器，不仅数量大、种类多、制作精美，而且有多件以往未曾发现过的相州窑白瓷器。相州窑白瓷器的发现，显示出隋代安阳相州窑高超的瓷器烧制水平，填补了相州窑瓷器研究的空白，亦为中国白瓷的起源与发展提供了宝贵的实物资料。

墓主麹庆为陇西麹氏后人。麹氏自西汉哀帝迁陇西后，长期生活在河西走廊一带。陇西是古时西域的重要交通枢纽，为古丝绸之路的重要组成部分，民族混杂、宗教繁多。该墓出土石棺床所刻图案具有汉文化、佛教、祆教等不同风格，它的发掘对研究陇西麹氏变迁与宗教传承，佛教、祆教向汉地的传播以及汉地的民族、宗教融合等具有重要意义。

（供稿：胡玉君　焦鹏　孔德铭）

石武士俑
Stone Warrior Figures

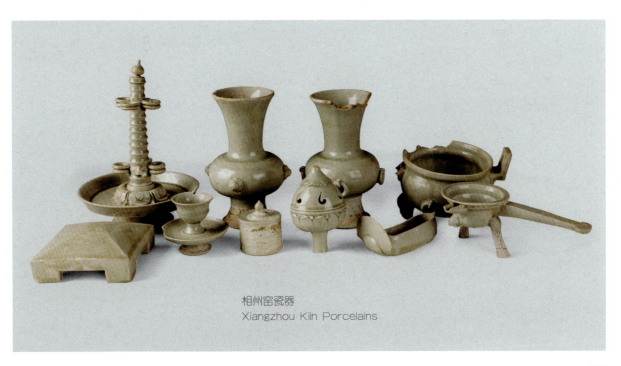

相州窑瓷器
Xiangzhou Kiln Porcelains

素烧瓷俑
Unglazed Porcelain Figures

素烧瓷骑马俑
Unglazed Porcelain Figure of a
Horse–rider

素烧瓷猪
Unglazed Porcelain Pig

素烧瓷镇墓兽
Unglazed Porcelain Tomb
Guardian

素烧瓷井
Unglazed Porcelain Well

素烧瓷灶
Unglazed Porcelain Stove

素烧瓷仓
Unglazed Porcelain Granary

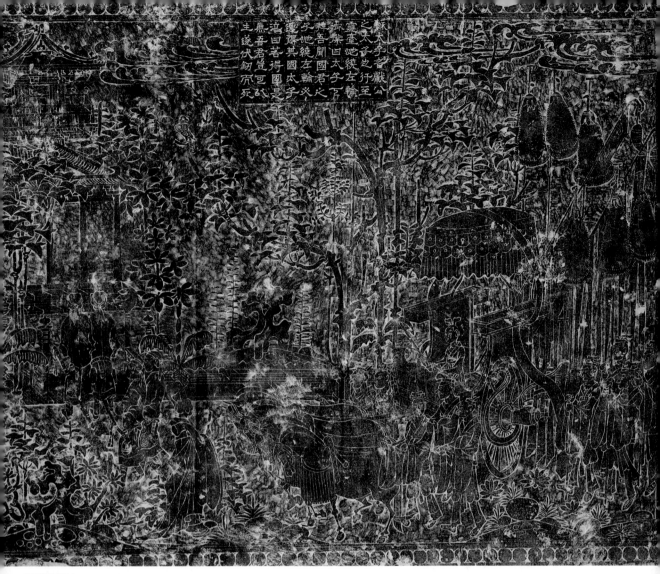

石屏风拓片
Rubbing of the Stone Screen

The Tomb of Quqing is located in the southeast of the intersection of Wenming Avenue and Gangsan Road in Long'an District, Anyang City, Henan Province. From April to June 2020, the Henan Provincial Institute of Cultural Relics and Archaeology conducted a rescue excavation of the tomb to cooperate with the capital construction. It is a single brick-chamber tomb with a long ramp passage, consisting of the passage, corridor, gate, and chamber. An intricately carved stone funerary couch was found in the tomb chamber, reflecting styles of Han culture, Buddhism, and Zoroastrianism. Besides, more than 130 pieces of porcelain and stone tomb figures were unearthed.

The most exquisite artifacts are the Xiangzhou Kiln white porcelains, providing physical evidence for studying the origin and development of the Chinese white porcelain. According to the epitaph, the tomb occupants are Quqing and his wife, Madame Han. Quqing was from Beiping in Longxi County, who died in the tenth year of Kaihuang Era of the Sui Dynasty (590CE); Madame Han was from Xiacheng in Changli County. The tomb is large in scale, rigorous in layout, and superb in construction and carving techniques, which is of great significance to the study of the burial customs and the ethnic and religious integration in the Anyang area during the Sui Dynasty.

云南大理
五指山遗址

WUZHISHAN SITE IN DALI, YUNNAN

五指山遗址位于云南省大理市太和街道阳南村西，地处苍山马耳峰余脉五指山山脚冲积扇上，北距南诏都城太和城600米。2020年1～7月，云南省文物考古研究所联合大理白族自治州文物管理所、大理市文物保护管理所对遗址进行了发掘，发掘面积6000平方米。遗址主体遗存年代为南诏时期，发现建筑基址14座、夯土台基2处、磉墩155个、石墙63道、踏道3条、沟23条、砖瓦窑2座，出土瓦片40余吨，另有瓦当、滴水、鸱吻、文字瓦、陶器、釉陶器等8100余件及支钉、垫片9200余件。

一号建筑基址位于第一发掘区，坐落于冲积扇顶部地势开阔处，依山势坐西向东，东西长41.5、南北宽20.6米，由大殿、南北廊道、天井、门廊、南北阙台、院内平台、大门等组成独立院落。大殿平面呈长方形，面阔三间9.9米，进深三间11.6米，地面残存斜铺绿釉方砖。大殿分为西高东低的两台，高差1.3米。大殿东侧以碎瓦叠砌月台，西侧有排水沟环绕。大殿东向洱海，正对洱海东侧独立山体（红山）。大殿东接南北廊道，廊宽4米，南北廊道内侧各有磉墩1排，每排5个，间距3.3～3.5米，磉墩内多以瓦砾填充，部分磉墩中央以板瓦抱合为圆形。廊道地面西高东低、斜铺绿釉方砖，西端有台阶通入大殿。南北廊道与天井东侧门廊直角相连，门廊南北两侧拐角处对称分布有阙台，阙台基础以石块垒砌，边长3.3米。门廊以东为两层院内平台，有台阶穿过平台

直通大门，大门基础及台阶均为石砌。基址上有大量倒塌的瓦砾堆积，出土莲花纹、兽面纹、法轮纹瓦当，火珠纹、卷云纹滴水，发现佛像、塔模、净瓶、釉陶鸱吻及"官家舍利""官廿七年""官廿九年""九年大和苴""卍""善净""奴行""白奴""佺善"等文字瓦。"官廿七年""官廿九年"为唐开元二十七年（739年）、二十九年（741年），"九年大和苴"应为南诏长寿九年（777年），因此，一号建筑基址的年代为南诏早期。

一号建筑基址南侧有一夯土台，东西长21.5、南北宽11.8米，高出地表1.2～2米，其功能性质或为观景瞭望台。一号建筑基址北侧为附属生活居住区，发现多座小型建筑基址及台阶、踏道、水池、排水沟、护墙等遗迹。

二号建筑基址为塔基，地处冲积扇中部坡地第二发掘区。建筑由内外两道方形石墙组成，整体平面呈"回"字形。内层石墙以石块及红黏土垒砌，围合为方形塔身，南北长4.6、东西宽4.1米。外层石墙为基座，南北长8.6、东西宽8.8米。内外两层石墙之间为回廊，回廊东半部以残砖铺地，西半部被大量砖瓦、石块等倒塌堆积叠压，出土莲花纹、兽面纹、法轮纹瓦当等。塔基南侧有曲尺形台阶，下台阶向南再向东折，台阶宽2.1米。基址上出土塔模、善业泥印模、釉陶香炉、铁条等，并发现有"官十四内""十年官善女""□寺"等文字瓦。"十年""官十四"应为南诏赞普钟十年（761年）、十四年（765年），因此，

塔的年代为南诏早期。

　　三号建筑基址坐落于冲积扇北部山坳第三发掘区。建筑坐西向东，东西长 33.5、南北宽 28 米，由正殿、朵殿、南北廊道、天井、门廊等组成独立院落。正殿居中，平面近"凸"字形，面阔 12、进深 11.7 米。正殿地面斜铺 37×37×5 厘米的方形青砖，东部正中有台阶。正殿南北两侧有方形朵殿，朵殿边长 4.8 米，北朵殿正铺绿釉方砖。正殿东侧南北廊道对称分布，廊长 20.35、宽 3.3 米，廊道地面平整，斜铺方形青砖。廊道中部有 1 排 5 个磉墩东西向分布，磉墩以碎瓦砾填充，间距 3.8～4 米。南北廊道与天井东部门廊直角相连。天井中有步道从门廊直通正殿，步道两侧以砖块镶边。院内散水均以青白两色卵石交错镶嵌成三角图案。建筑四周均有排水沟环绕，排水沟以石板铺底并以石板及石块镶边，垒砌规整。排水沟内及基址上有大量倒塌的瓦砾堆积，出土法轮纹瓦当、兽面纹瓦当、柿子蜘蛛纹滴水等，文字瓦大多难以识别。第三发掘区还出土少量"杨酋造寺""二王子""内官"等文字瓦。

二号建筑基址
Building Foundation No.2

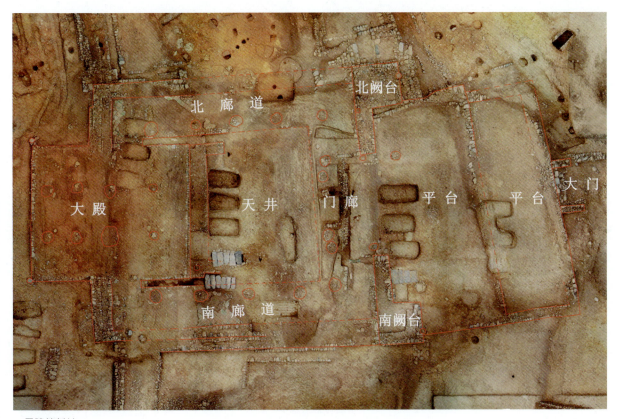

一号建筑基址
Building Foundation No.1

一号建筑基址大殿
Main Hall of the Building Foundation No.1

一号建筑基址大殿月台
Platform of the Main Hall of the Building Foundation
No.1

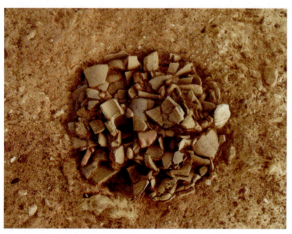

一号建筑基址廊道内磉墩
Column Base in the Corridor of the Building
Foundation No.1

一号建筑基址南廊道铺砖情况
Tile Paving in the Southern Corridor of the Building
Foundation No.1

三号建筑基址通过一号踏道与南侧的十一号建筑基址相连。一号踏道长 7.8、宽 1.5 米，东西两端连接石砌台阶。踏道以砖块围砌成边、以卵石铺垫路面，路面采用长条形石块勾勒出"米"字图案，局部采用青白两色石块铺砌出三角图案。

十一号建筑基址与三号建筑基址南北并列，坐西向东，由大殿及两层院内平台构成独立院落，平面呈"目"字形，东西长 30、南北宽 21.3 米。西侧大殿面阔 8.9 米，正对洱海东侧一独立山体，大殿南北两侧残留有廊道。十一号建筑大殿位置发现了年代更早的十二号、十四号建筑基址。十四号建筑基址面阔五间 18 米，进深三间 9.5 米，基址保存有较为深大的柱坑，柱坑底部多垫有平整的大石，西侧正中两柱坑间距较大，存在移柱现象。

三号建筑基址下叠压有两座南诏早期砖瓦窑，窑室平面呈马蹄形，较宽的一端留有烟道 4 个，窑内填充有大量瓦片、砖块，部分砖为花纹砖。遗址东部第四发掘区出土大量支钉、垫片、印模、陶垫等窑具及烧造的釉陶残次品，釉陶器形丰富，多刻划、堆塑有莲花样式，釉陶碗内壁多有西瓜皮釉色。出土的釉陶经幢为空心八面体，直径 15

厘米，表面施黄釉，幢顶有"唵阿罗般石（若）那□尼"大字，幢身写有佛顶尊胜陀罗尼神咒及含有"嵯耶"字样的经文。出土的釉陶香薰盖为八瓣莲花形，有排烟孔，表面及内壁均刻有梵文。由此可知，遗址东部是南诏时期生产砖瓦建材及釉陶器的窑场。

五指山遗址北距南诏都城太和城仅 600 米，不仅发现了南诏早期的塔基、高低错台及移柱造的建筑，还发现了佛像、经幢、善业泥印模、塔模、香炉及拍印"卍""寺"字的文字瓦等佛教遗物。

"官家舍利"文字瓦
Text Tile with Characters "Guan Jia She Li"

一号踏道
Steps No.1

三号建筑基址
Building Foundation No.3

三号建筑基址上的倒塌堆积
Collapsed Accumulation on the Building Foundation No.3

三号建筑基址正殿
Main Hall of the Building Foundation No.3

二号建筑基址回廊
Cloister of the Building Foundation No.2

十四号建筑基址柱坑
Column Pit of the Building Foundation No. 14

三号建筑基址正殿前散水及排水沟
Apron and Drainage Ditch in Front of the Main Hall
of the Building Foundation No.3

三号建筑基址北朵殿铺砖情况
Tile Paving in the Northern Side Hall of the Building
Foundation No.3

砖瓦窑
Brick and Tile Kiln

支钉出土情况
Spurs (Zhiding) in Situ

从建筑结构及出土器物来看，五指山遗址是太和城的重要寺庙功能区。

　　一号建筑大殿分为高低错落的两台，为形制独特的内外堂式建筑，南北阙台显示该建筑等级规格较高。一号建筑坐落于扇顶开阔处，大殿正对洱海东岸一独立山体，选址经过精心规划，与风水堪舆中的案山相吻合。大殿基址上发现"官家舍利"文字瓦，"官家"应指南诏王或南诏王室，基址上出土的塔模、陶瓶、小型釉陶瓦等或与舍利供奉有关。一号建筑或供奉有南诏王室舍利。

　　本次发掘揭露了多座完整的建筑基址，建筑均由大殿、南北廊道、门廊等组成独立院落，充分利用石材做基础，周边排水设施完善，磉墩、柱坑等富有特色，较为全面地展现了南诏建筑的结构样式、风格特色。遗址内多座建筑基址、塔基等分散布局，周边配套有附属设施，构成一处寺庙建筑群，呈现出多院式分散布局的特点。同时，遗址东部是太和城的窑址区，发现砖瓦窑，出土大量支钉、垫片、印模等窑具及釉陶残次品，揭示了南诏窑业的生产状况。

（供稿：朱忠华　李建新　周建威　杨跃飞）

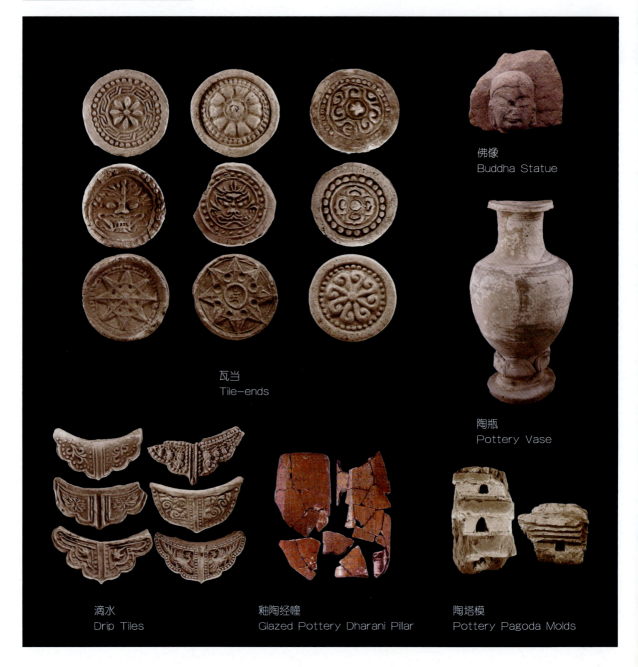

佛像
Buddha Statue

瓦当
Tile-ends

陶瓶
Pottery Vase

滴水
Drip Tiles

釉陶经幢
Glazed Pottery Dharani Pillar

陶塔模
Pottery Pagoda Molds

The Wuzhishan Site is located in the west of Yangnan Village, Taihe Street, Dali City, Yunnan Province, and is 600 m south of the Nanzhao Kingdom's (738-902 CE) capital – Taihe City. From January to July 2020, the Yunnan Institute of Cultural Relics and Archaeology and other institutions excavated 6,000 sq m of the site. The principal remains of the site belong to the Nanzhao Period, including 14 building foundations, 2 rammed-earth platform foundations, 155 column bases, 63 stone walls, 3 steps, 23 ditches, 2 brick and tile kilns, over 40 tons of tiles, and a large number of tile-ends, drip tiles, *Chiwen* (roof ridge ornament), text tiles, potteries, glazed potteries, and kiln furniture, etc. According to the architectural structure and unearthed Buddhist-related artifacts, the Wuzhishan Site was an important area with temple function in Nanzhao's capital Taihe City. The building complex presents a dispersed layout with multiple courtyards, and the kiln region in the east part of the site reveals the production status of the Nanzhao kiln industry.

青海都兰热水墓群 2018 血渭一号墓

2018 XUEWEI TOMB NO.1 OF THE RESHUI TOMBS IN DULAN, QINGHAI

热水墓群位于青海省海西蒙古族藏族自治州都兰县热水乡察汗乌苏河的南北两岸，墓葬多分布于海拔 3400～3500 米之间，整体呈枝杈状排列。该墓群于 1982 年发现并得名，1996 年被国务院公布为全国重点文物保护单位。2018～2020 年，经国家文物局批准，由中国社会科学院考古研究所和青海省文物考古研究所组成的联合考古队，对 2018 年 3·15 热水墓群被盗事件涉及墓葬（编号 2018 血渭一号墓）进行了考古发掘，取得了重要收获。

2018 血渭一号墓为木石结构多室墓，由地上和地下两部分组成。地上为墓园建筑，平面近方形，由茔墙、祭祀建筑及封土和回廊组成。茔墙东西长 33、南北宽 31 米，石砌基础，其上由土坯垒砌，北墙、西墙有排水口。茔墙内有覆斗形封土，封土四周以土坯墙围合。茔墙与封土之间形成回廊，是围绕封土的通道，北墙上有门址。墓园东北隅有祭祀建筑，由两座石砌房址（编号 F1、F2）组成。房址平面均呈长方形。F1 北墙开门，门外有曲尺形石砌照壁，房址内有与祭祀相关的遗存——五块羊肩胛骨和插入地面的方形木柱，这些遗存与文献记载相吻合。F2 位于 F1 西北，东墙开门。

墓葬地下部分由墓道、殉马坑、照墙、甬道、墓门、墓圹、二层台、殉牲坑、三层台、砾石层、四层台及墓室组成。墓道朝东，台阶状，墓门与

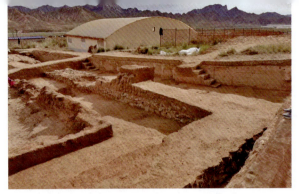

墓园茔墙、回廊及土坯墙西北角（东北—西南）
Northwest Corner of the Graveyard Wall, Cloister,
and the Adobe Wall (NE—SW)

墓园北墙上的门址（南—北）
Gate Remains on the Graveyard's North Wall (S—N)

祭祀建筑 F1 内羊肩胛骨出土情况（东—西）
Sheep Scapulae in the Sacrificial Building Foundation
F1 in Situ (E—W)

墓门（东—西）
Tomb Gate (E—W)

墓葬全景（上为北）
Full View of the Tomb (North-up)

墓道之间为甬道；墓道内发现有殉马坑，坑内殉有六匹公马。甬道为石砌平顶结构，顶上平铺有双层棚木，其上有照墙。

墓圹平面呈梯形，与封土不完全重合，西、南两壁有施工通道，四壁有内收的生土台阶，台阶上铺青石碎块。在四层台位置，整个墓圹内平铺有厚 0.4 ～ 1 米的砾石层，推测为防盗设施。墓圹填土中发现有殉人和殉牲坑。殉牲坑平面呈长方形，土坯垒砌四壁，由立柱、横梁和棚木搭建而成，东侧有门道和台阶与墓道二层台相通，坑内殉牲分层堆放。

照墙介于墓道与墓圹间，平面呈不规则形，基础砌石，石层间有穿木，其上以土坯垒砌，内收三层台，每层间均铺有成排穿木。

墓室为木石结构，由一个主室和南、北侧各两个侧室组成，与文献"墓作方形……其内有五殿，四方墓形自此始"及"在陵内建神殿五座"等记载吻合。主室和侧室平面均呈东西向长方形，平顶，顶上平铺棚木。主室东西长 6.8、南北宽 4.25 米，四壁为石砌，砌石中间平铺有木梁。主室东、西两壁各有四个木质斗拱，其下原有立柱，现仅存东壁北侧的立柱。主室内设有东西向棺床，用红砂砖平铺，并放置棺椁。棺床西、南、北三面有二层台，其中西二层台上有祭台。棺床下有防潮的木炭层。棺椁原或有帷幕。木棺表面有彩绘和贴金装饰，内髹黑漆。主室内绘有壁画，多已剥落。主室内发现两具人骨个体。

侧室与主室间以过道相连，过道内设木门。侧室东西长 3.4、南北宽 2.4 米，各侧室间有隔墙。侧室四角及各壁中间均有立柱和替木支撑顶部的过梁，个别侧室内发现有防潮的木床。

墓道及甬道内随葬大量绿松石、金箔、镶嵌绿松石的金象、彩绘人形木牌、金包木等，还有大量黑白石片。墓室内随葬金器、银器、铁器、漆木器、皮革、丝织物、玉石器及海螺等。金器有胡瓶、錾指杯、链、带饰、马具、人形饰片等，铜器主要为容器、铠甲片、各构件上的饰件等，铁器以甲胄为主，漆器有盘、甲片等，木器以马鞍、彩绘人形

墓葬地下部分全景（东—西）
Full View of the Underground Part of the Tomb (E-W)

殉牲坑（上为北）
Sacrificial Animal Pit (North-up)

墓室全景（上为东）
Full View of the Tomb Chamber (East-up)

牌、小型斗拱模型为主，玉石器为装饰所用玛瑙、琉璃珠、水晶和大量黑白石片等，丝织物种类多样，在祭台上的漆盘内还发现了未炭化的葡萄籽若干。另外，出土银印章 1 枚，印面呈方形，边长 1.8 厘米，由骆驼和古藏文组成，藏文经释读，大意为"外甥阿柴王之印"。

根据墓室出土金器、丝织物等，并结合棚木树木年轮测定，2018 血渭一号墓的年代约为 8 世纪中期（树木年轮测定为 744±35 年）。据出土印章可知，墓主为阿柴王，即吐谷浑王。吐谷浑灭国后，吐蕃占领区的吐谷浑王室与吐蕃政治联姻而形成甥舅关系。根据墓葬的树木年轮，该墓年代为吐蕃赤德祖赞（704 ～ 755 年）在位时期，该阿柴王可能是敦煌文献《阿柴纪年（残卷）》记载的莫贺退浑可汗，其母为吐蕃的墀邦公主。

2018 血渭一号墓发现的墓园祭祀建筑、殉牲坑、五神殿的墓室结构、壁画、彩棺以及出土的大量精美器物等，对于研究唐（吐蕃）时期热水地区的葬制、葬俗及唐帝国与少数民族关系史、丝绸之路交通史、物质文化交流史等相关问题具有重要价值。

2018 血渭一号墓是热水墓群乃至青藏高原上发现的布局最完整、结构最清晰、形制最复杂的高等级墓葬之一，是热水墓群考古研究的重要发现，也是首次掌握吐谷浑王陵墓形制的基本特征，为中国古代陵墓制度研究提供了重要资料。

本次发掘发现的大量动物骨骼、少量弥足珍贵的人骨及葡萄籽等，为动植物考古、食性分析、DNA 分析等多学科深入研究提供了可能，对了解热水墓群的人种、族属及生业模式具有重要意义。而出土的金马具、铜甲、铁甲、漆甲等，与文献"其铠胄精良，衣之周身，窍两目，劲弓利刃不能甚伤"记载相吻合，对研究该地区的手工业生产工艺、生产技术、组织形态等提供了重要资料。

赤德祖赞时期，根据敦煌古藏文《赞普传记》记载，"民庶、黔首普遍均能穿着唐人上好绢帛

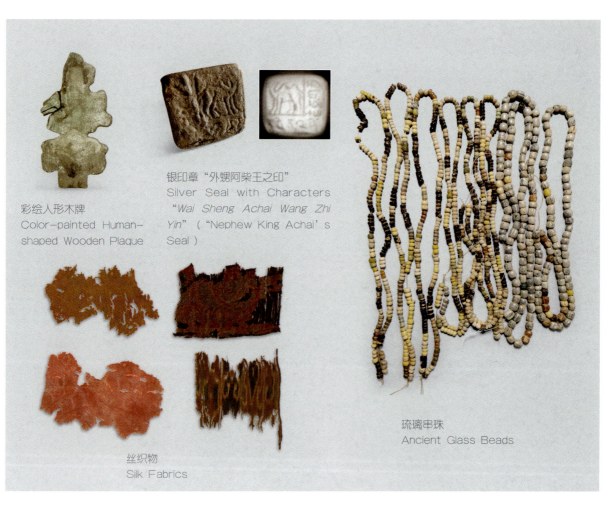

彩绘人形木牌
Color-painted Human-shaped Wooden Plaque

银印章 "外甥阿柴王之印"
Silver Seal with Characters *"Wai Sheng Achai Wang Zhi Yin"* ("Nephew King Achai's Seal")

丝织物
Silk Fabrics

琉璃串珠
Ancient Glass Beads

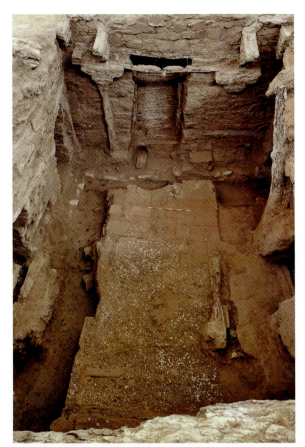

主室内斗拱类木构（西—东）
Dougong-style Wood Component in the Main Room
(W–E)

铜铠甲片出土情况
Brass Armor Pieces in Situ

主室内红砂砖棺床（上为南）
Red-brick Coffin Bed in the Main Room (South-up)

侧室木床架
Wooden Bed Frame in the Side Room

墓道内殉马坑（西—东）
Sacrificial Horse Pit in the Tomb Passage (W–E)

矣"。本次发掘出土的大量丝织物，其织造工艺和纹样具有多源性，实证都兰是丝绸之路上重要的中转站。而此墓地上墓园建筑、棺床、墓室斗拱装饰等元素带有明显的中原文化特征，还出土了大量中原丝织物，充分证明了丝绸之路青海道

的重要作用，体现了中原文化强大的辐射力及影响力。2018血渭一号墓的发掘，为研究丝绸之路青海道考古及青藏高原东部地区古代族群活动和文化传播提供了新资料。

（供稿：韩建华　郭晓涛　白文龙　甄强）

141

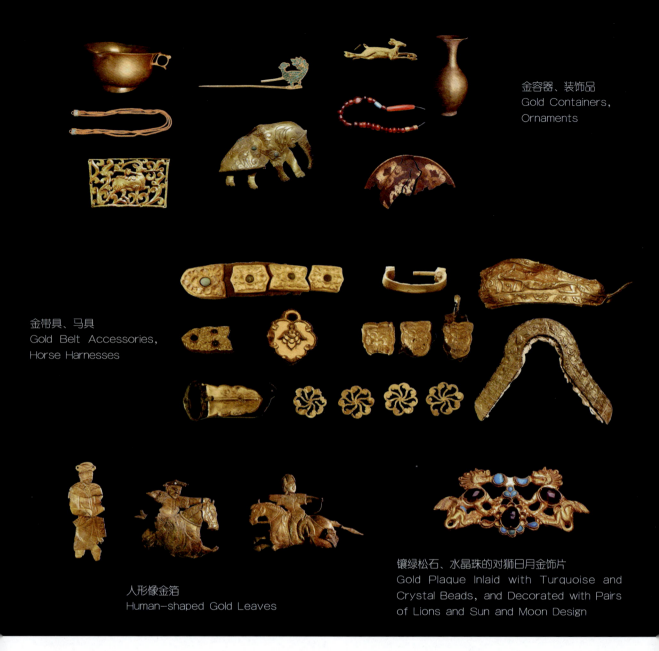

金容器、装饰品
Gold Containers,
Ornaments

金带具、马具
Gold Belt Accessories,
Horse Harnesses

人形像金箔
Human-shaped Gold Leaves

镶绿松石、水晶珠的对狮日月金饰片
Gold Plaque Inlaid with Turquoise and
Crystal Beads, and Decorated with Pairs
of Lions and Sun and Moon Design

The Reshui Tombs are located on the north and south banks of the Chahan Wusu River in Reshui Township, Dulan County, Haixi Mongol and Tibetan Autonomous Prefecture, Qinghai Province. From 2018 to 2020, the Institute of Archaeology, Chinese Academy of Social Sciences and the Qinghai Provincial Institute of Cultural Relics and Archaeology conducted a joint excavation of the "2018 Xuewei Tomb No. 1" of the Reshui Tombs. It is a multi-chamber tomb with the wood-stone structure and has ground and underground two parts. The graveyard complex stands on the ground; the underground part includes the tomb pit, passage, horse pit, screen walls, sacrificial animal pit, pathway, gate, and chamber; and the tomb chamber composes of the main room and two side rooms on the north and south. A large number of artifacts made of such as gold and silver, lacquer and wood, iron, silk, jade and stone, have been unearthed. The tomb can be dated back to the mid-eighth century during the reign of the Tridé Tsuktsen (705-755 CE); the tomb occupant, according to the unearthed seal, was the King Achai, also known as the Tuyuhun King. The tomb's discovery updated the recognition of the tombs of the Tubo Period in the Qinghai area on the Qinghai-Tibet Plateau and provided critical materials for studying the structure and funeral custom of the Reshui Tombs.

浙江台州
黄岩沙埠窑址群

SHABU KILN SITE GROUP IN HUANGYAN OF TAIZHOU, ZHEJIANG

沙埠窑址群位于浙江省台州市黄岩区沙埠镇青瓷村与廿四都村交界地区，共包括 7 处窑址点，分别为竹家岭窑址、凤凰山窑址、下山头窑址、金家岙堂窑址、窑坦窑址、瓦瓷窑窑址和下余窑址。为全面了解沙埠窑址群的窑业生产历史与价值，填补浙江地区窑业生产链条中的空白，2019～2020 年，经国家文物局批准，浙江省文物考古研究所联合黄岩区博物馆、北京大学考古文博学院、故宫博物院等单位对窑址群内的竹家岭窑址和凤凰山窑址进行了主动性考古发掘，取得了重要收获。

首先，竹家岭窑址和凤凰山窑址窑炉区域均揭露出规模庞大的龙窑窑炉和匣钵挡墙，各具特色，为探索沙埠窑址窑炉建造和烧造技术提供了重要材料。

竹家岭窑址窑炉遗迹（编号 Y1）为浙江地区目前已发掘的两宋时期保存最为完好、结构最为清晰的窑炉遗迹。Y1 为依山而建的龙窑，整体由窑前操作间、火门、火膛、窑室、窑门、排烟室及窑床两侧的柱础石、护墙等部分组成，炉体斜长 72.32、水平长约 70.66 米，坡度前后段不等，前段约 11°，中段 11°～14°，后段约 13°。炉体近火膛处宽 1.16 米，向后逐渐加宽，中段最宽约 2.22 米，此后又变窄，至后壁变为 1.28 米，残高 0.82 米，窑壁由砖块和匣钵砌造。

火门两侧用砖块平口叠砌而成，现存 9 层，残高 0.5 米，用砖长 24、宽 12、厚 4 厘米。火门外侧与窑前操作间相连，上部由 M 形匣钵、下部由不规则形石块叠砌作护墙。操作间位于窑头前端，宽 1.74、长 2.18～2.34 米，存有两排交错叠砌匣钵护墙，作不规则四边形，底部略内收，较平。

火膛位于窑炉前端，由前向后依山坡倾斜，

平面呈半圆形，底部平整，最大径 1.16、火门至火膛后壁长 0.64、后壁高 0.32 米。火膛后壁平直，底部平铺 M 形直径不等的匣钵 5 个。

窑室位于窑炉中部，前端与火膛相连，亦顺山势呈斜坡状，尾高头低，中部宽 1.99 ～ 2.22 米，两端稍窄。窑顶已坍塌，塌砖多数杂乱，无法复原顶部结构及投柴孔的分布情况。窑壁皆由 M 形匣钵错缝叠砌，匣钵大小尺寸分 4 种，分别为直径 26、高 8 厘米，直径 20、高 8 厘米，直径 16、高 6 厘米，直径 12、高 6 厘米。匣钵间填砌有少量砖块，残存 1 ～ 7 层，高 0.08 ～ 0.54 米。窑壁内侧有坚硬的烧结面。窑床上铺沙。烧结面中部不甚明显，近窑壁底部窑汗与窑壁烧结。窑

床上尚存有大量垫具。

窑门共 12 个，皆开于窑炉东壁，内低外高，两侧均有匣钵叠砌成墙。多数窑门底部填嵌匣钵（片），当为封门残迹。窑门平面呈喇叭状，门多宽 0.4 ～ 0.5 米，最窄者 0.38 米，最宽者 0.72 米，各窑门间距 2.99 ～ 8.31 米。门道墙由窑具、砖块等砌成。

排烟室位于窑炉尾部，后部置挡墙。平面呈不规则长方形，长 1.55、宽 0.94、残高 0.66 米。排烟室与窑室之间置弄火墙，残高 0.43 米。上部为砖块错缝叠砌，下部为 8 个直筒匣钵（直径 14、高 13 厘米）不等距排列，分出出烟孔 9 个。排烟室底部以一层砖块垫底，尾部挡墙分两排，

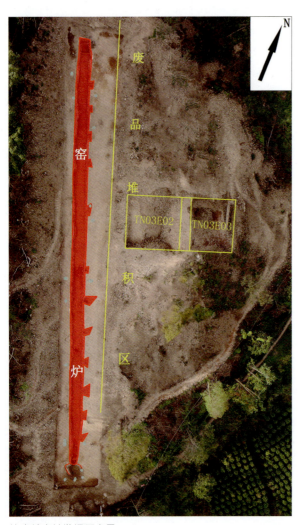

竹家岭窑址发掘区全景
Full View of the Excavation Area of the Zhujialing Kiln Site

竹家岭窑址龙窑窑炉
Dragon Kiln (Zhujialing)

竹家岭窑址龙窑窑炉窑前操作间
Operation Room in Front of the Dragon Kiln
(Zhujialing)

竹家岭窑址龙窑窑炉排烟室
Smoke Exhaust Room of the Dragon Kiln (Zhujialing)

竹家岭窑址 TN03E03 西壁剖面
Western Wall Section of the Excavation Grid
TN03E03 (Zhujialing)

凤凰山窑址 TN02E01 西壁剖面
Western Wall Section of the Excavation Grid
TN02E01 (Fenghuangshan)

凤凰山窑址龙窑窑炉遗迹
Dragon Kiln Remains in the Fenghuangshan Kiln Site

T7B ～ T7E 共 7 个发掘单位，尚未完成田野发掘工作。下面主要介绍 2019 年在 C1206 内布设的 TG3G、2020 年东北发掘区内的地层堆积情况和主要遗迹现象。

C1206TG3G 内揭露出宋元时期的铺砖地面（编号 C1206TG3GZM1）、灰坑等。铺砖地面位于探沟内中东部的第③B 层下，叠压第④层。铺砖地面距地表约 1.5 米，顶面海拔 3.58 米，已揭露部分东西长约 2.75、南北宽约 2 米。方砖斜向对缝铺就，砖缝线 117°（与建筑面阔、进深方向成 45°夹角），用砖边长 32、厚 2 厘米。铺砖地面下有厚约 0.45 米的黄黏土垫层，土质坚硬；再下为厚约 0.07 米的红褐色土，土质较硬。

2020 年东北发掘区内的第②层下，揭露出主体为宋元时期的建筑基址。从地层堆积和出土器物来看，相关遗存的上限为南宋时期，下限当不晚于明代，大致可分为三期。

第一期遗存包括石墙、石墩、石构等遗迹。石墙（编号 SQ3），位于 C1206T2E 东南部的第②层下，呈西北—东南向，方向 157°。已揭露部分南北长 2.55、东西宽 0.28 ～ 0.38、残高 0.26 米，向北延伸，似可延伸至石墩 SD2-1 西侧。石墙残存两层石条，上层石条仅存 1 块，下层石条为顺砌，黏合剂为黄黏土。上层石条顶面海拔 2.77、下层石条顶面海拔 2.64 米。用石规格不一，或长 84、宽 31、高 15 厘米，或长 65、宽 38、高 11 厘米。在灰坑 C1206T2E1CH1 南边壁残留有

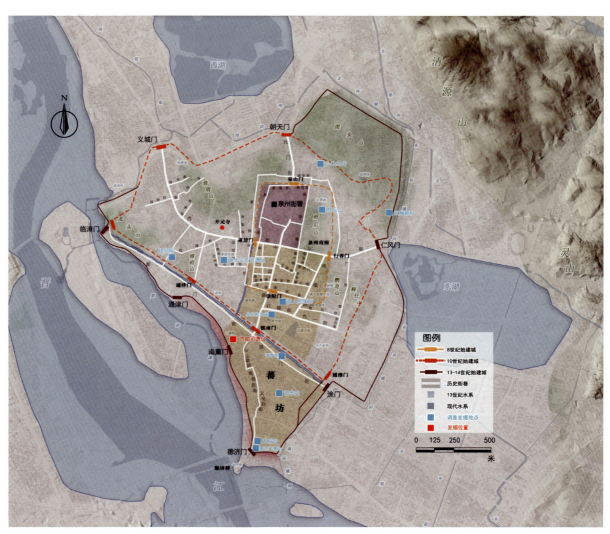

泉州市舶司遗址位置图
Location Map of the Quanzhou Shibosi Site

2020 年东北发掘区全景
Full View of the Northeast Excavation Area in 2020

"（监）造市舶亭蒲（寿）（庚）"文字砖
Text Tile with Characters "(Jian) Zao Shi Bo Ting Pu (Shou) (Geng)"

"舶亭蒲（寿）"文字砖
Text Tile with Characters "Bo Ting Pu (Shou)"

一处宽 39、高 22 厘米的石条痕迹，该石墙南端似止于此。石墙东侧有若干较大的河滩石。石墩（编号 SD2-1），位于 C1206T2E 东北部，顶面海拔 3.05 米。石墩残存两层，上层铺石呈南北向，由东西 2 块铺石组成，西侧铺石宽 35、高 20 厘米，东侧铺石宽 40、高 19 厘米；下层铺石为东西向，

高 25 厘米。石墩南侧有若干较大的河滩石。石构（编号石构 1），位于 C1206T2E 东部的瓦砾垫层 3 下，呈东西向，方向 72°，顶面海拔 3.07 米。已揭露部分南北长 1、东西宽 0.7 米，向西延伸，由铺盖石、南北两侧砌石和铺底石共同围合成宽 0.55、高 0.3 米的长方形空间，其内填灰褐色淤

积土。铺盖石长79、宽24、高14厘米。南侧砌石有3层，自下而上截面尺寸依次为宽25、高15厘米，宽38、高15厘米，宽28、高12厘米；北侧砌石宽22、高39厘米。铺底石长75、高16厘米。黏合剂为黄黏土。在南北两侧砌石外围及铺盖石上方均有较多石块。

第二期遗存可分为第二期A、第二期B两小期。第二期A相对较早，包括石构1处、石墙4处、铺砖地面1处、石墩2处和河滩石等遗迹；第二期B相对较晚，除沿用第二期A一处石墙外，还有石墙5处、石墩3处、鹅卵石铺面、石铺面、石板面和灰坑等遗迹。

第三期遗存包括石墙、石板、灰坑、井等遗迹。

这两次发掘出土大量建筑构建和瓷器等。其中，建筑构件453件，主要包括瓦当、筒瓦、板瓦和砖等。瓦当有圆形和椭圆形两种，当面图案有莲花纹、折枝花卉纹等。筒瓦有红色、黄褐色、青灰色三种。砖有红色和青灰色两种。瓷器16551件，包括青瓷、白（青白）瓷、黑（酱）釉瓷、青花瓷等。器形主要有碗、盏、碟、洗、

杯、盘、盒、壶、瓶、炉、器盖、罐、缸、杵等。涉及窑口有泉州地区的磁灶窑、德化窑、南安窑、安溪窑、东门窑等，福建其他地区的厦门汀溪窑、漳平永福窑、闽清义窑、建阳建窑等，福建以外的浙江龙泉窑、越窑，江西景德镇窑、江苏宜兴窑等。

泉州城重要历史建筑与相关时期的堪舆思想、建筑朝向密切相关，赵宋时期出现了以天盘缝针为基础的地盘正针乾亥巽巳缝线方向的建筑朝向（即面阔方向72°、进深朝向162°），宋元时期可能依然使用了以泉州开元寺大雄宝殿和东、西塔构成的天盘缝针（实测9.1°）为基础的测绘系统。推测为泉州市舶司遗址的大型较高等级官式建筑群遗存的朝向与之密切相关——2019年在C1206TG3G内揭露出的推测为中路正厅相关建筑遗迹的平铺方砖缝线角度为117°，2020年的又揭露出朝向159°的大型较高等级官式建筑遗存。2020年在西南发掘区还发现了侧面戳印有"（监）造市舶亭蒲（寿）（庚）""……舶亭蒲（寿）……"的文字砖。泉州市舶司遗址方砖铺地遗迹的铺法、用砖颜色和规格等，与泉州府文庙、泉州清净寺、泉州天后宫寝殿围墙北侧等地点发现的宋元时期官式建筑较为相近。

泉州城的临漳门、通津门、通淮门附近均有水沟，而临漳门、通津门处分别有高地龙头山、傅府山，不便于船舶借涨潮近城，唯有位于本次发掘地点西、北的水沟比较适合船只靠近，这或亦是元代在此修建南薰门的主要原因。

如此精心选址规划、精准测量修建的大型较高等级官式建筑，推测当为官方所修、所用，而该区域背靠八卦沟，又与文献记载中的泉州市舶司位置密切相关，结合遗址周边的水系、道路及观音宫、水仙宫、三义庙等因素，再辅以堪舆相关推演等，推测其四至范围大致为：西南依竹街，东北到西南—东北向的马坂巷东侧道路（舶司库巷）和南北向马坂巷，东南至水门巷，西北靠八卦沟。

泉州市舶司遗址与泉州南外宗正司遗址的台基、房屋等修建方式基本一致。相关考古调查发掘研究工作，基本确认了泉州市舶司遗址的位置，为研究泉州宋元时期的政治、文化、交通、贸易等提供了重要的实证资料。

（供稿：梁源　王睿　黄必应　汪勃）

"（监）造市舶亭蒲（寿）（庚）"
文字砖拓片
Rubbing of Text Tile with Characters "(Jian) Zao Shi Bo Ting Pu (Shou) (Geng)"

"舶亭蒲（寿）"文字砖拓片
Rubbing of the Text Tile with Characters "Bo Ting Pu (Shou)"

磁灶窑酱釉壶
Cizao Kiln Brown-glazed Porcelain Pot

德化窑白瓷粉盒盒盖
Dehua Kiln White Porcelain Powder Box Cover

汀溪窑青瓷碗
Tingxi Kiln Celadon Bowl

德化窑青白瓷盒
Dehua Kiln Bluish-white-glazed Porcelain Box

汀溪窑青瓷碗内底
Tingxi Kiln Celadon Bowl Inner Bottom

From October to November 2019, and from May to November 2020, the Quanzhou City Archaeology Team – composed of the Institute of Archaeology, Chinese Academy of Social Sciences and other institutions – excavated the Shibosi Site in Quanzhou City. Archaeologists discovered architectural foundations of the Song-Yuan Period such as tiled grounds, stone walls, stone piers, stone components, and pebble-paved course; unearthed building components such as tile-ends with flower pattern, roof-figures, and text tiles, as well as celadon, white-(bluish-white-) glazed porcelain, black- (brown-)glazed porcelain, and blue-and-white porcelain, etc. The excavation confirmed the existence of a large and high-class official building complex here; the found text tile with characters "*(Jian) Zao Shi Bo Ting Pu (Shou) (Geng)*" further proved the building complex is the Shibosi Site. This excavation basically confirmed the location of the Quanzhou Shibosi Site and offered important materials for studying politics, culture, transportation, and trade in Quanzhou during the Song-Yuan Period.

福建德化
尾林、内坂窑址

WEILIN AND NEIBAN KILN SITES IN DEHUA, FUJIAN

尾林、内坂窑位于福建省德化县三班镇西北上寮溪两侧的山坡上。2016～2019年的调查勘探，确认尾林窑3处窑址（编号DWY1～DWY3）、内坂窑4处窑址（编号DNY1～DWY4）。为配合泉州申报世界文化遗产工作，经国家文物局批准，2020年3～7月，福建博物院、德化县文化体育和旅游局、德化县陶瓷博物馆联合，对尾林一号窑址（DWY1）、内坂二号窑址（DNY2）及尾林窑2处作坊遗迹（DWF1、DWF2）进行了考古发掘，发掘面积442平方米，共揭露5座窑炉遗迹，出土了一批宋代至清代青白瓷、白瓷、青花瓷标本。

尾林一号窑址（DWY1）分布面积约2000平方米，发掘面积242平方米，揭露4座有叠压打破关系的窑炉遗迹（编号DWY1-1～DWY1-4）。

DWY1-1窑头方向192°。前段被DWY1-2出烟室打破，残斜长110、内宽2～2.3米。窑顶已全部坍塌，大部分窑壁残高0.2～0.5米，已发掘区域中发现窑门10个，宽0.4～0.5米。窑门之间砌有护窑墙，多呈圆角长方形或弧形。窑室中后段还发现三道挡火墙。窑尾破坏较严重，未发现出烟室。

DWY1-2窑头方向194°。中段被DWY1-4打破，前段被DWY1-3打破，残斜长23.9米，高差6.3米。窑室共揭露隔墙3道，可见窑室2间，进深3～3.2、内宽2.85米。出烟室已揭露部分宽2.9、进深0.25～0.3米。

DWY1-3窑炉方向202°。前段被机耕道破坏，后段打破DWY1-4，由于被近现代开垦耕地破坏严重，仅存局部隔墙、护窑墙。

DWY1-4窑炉方向197°。前段被DWY1-3打破，窑头无存，仅存3间窑室及出烟室，残斜长7米，窑室内宽4.46、进深1.9～2.2米。燃烧沟位于窑室前端下部。窑室前端两侧均有窑门，前后隔墙下部均有13个通火孔。第2室还保存成摞匣钵，部分匣钵内还装有生烧的青花葡萄纹碗。出烟室仅揭露东侧部分，后壁叠压在DWY1-2隔墙之上，用残砖、匣钵残片砌成，进深0.18、残高0.65米。

尾林一号窑址出土器物主要为青白瓷和窑具及少量青花瓷等。青白瓷器形主要有碗、盒、盘、执壶、洗、瓶、炉等；纹饰种类较丰富，以模印、刻划为主，多为花卉、草叶纹等；部分器物底部模印有文字"天启……""吴""吴书""叶家印"等。青花瓷主要有碗、盘等。

尾林作坊区可分两个区域，分别为瓷土加工区（DWF1）和制瓷区（DWF2）。

瓷土加工区（DWF1）位于上寮溪北岸、尾林一号窑东南约130米处，呈东北—西南向，面积约300平方米，主要包括引水渠、水碓、淘洗池、沉淀池等。从清代一直延续使用至21世纪初才彻底废弃。

制瓷区（DWF2）位于上寮溪北岸、尾林一号窑东侧，呈西北—东南向，面积约600平方米，可分四个平台。此次发掘的74平方米主要分布在ＤＷＦ2的东南部，揭露遗迹包括挡土墙3道（DQ1～DQ3）、墙基1处（QJ1）、沟1条（G1）、道路1条（L1）、陶车洞1个（D1）。根据遗迹开口层位及叠压打破关系，可分三期。第一期为宋元时期，挡土墙DQ1、DQ3及G1、D1属于此期；第二期为明清时期，挡土墙DQ2及L1属于此期；第三期为民国至近代，QJ1属于此期。

内坂二号窑址（DNY2）位于上寮溪南岸，西北距尾林一号窑址约230米。2016、2019年进行过两次勘探，确认了窑炉位置。2020年发掘面积113平方米。窑炉为分室龙窑，窑头方向350°。前段被机耕道及耕地破坏，残斜长59、内宽2.4～2.6米。窑室揭露了两道残存的隔墙，均仅存最底部一层立砖；窑门发现7个，均位于西侧，宽0.35～0.55米；护窑墙主要位于西侧中前段地势较低处，平面多呈圆角长方形、弧形等。窑尾破坏较严重，出烟室仅存倒塌堆积及痕迹，宽2.7、进深0.45米。

内坂二号窑址出土器物以青白瓷为主，器形主要有碗、盘、盏、盒、瓶等。窑具以支圈、伞形支烧具、垫柱为主，另见少量匣钵。

根据尾林一号窑址出土器物的特征及窑炉形态判断，ＤＷＹ1-1年代为南宋早期至南宋末或元代初期，即12世纪下半期至13世纪末；ＤＷＹ1-2年代为元代中期至明代中期，即14世纪前半期至15世纪中期；ＤＷＹ1-4年代为明代晚期至清代康熙时期，即16世后半期至17世纪末；DWY1-3年代应在清代康熙中期至乾隆时期，即18世纪初至18世纪末。

内坂二号窑址出土器物的特征以南宋中晚期为主，少量器物具有典型元代风格。内坂二号窑址的窑炉已出现分室龙窑结构，但分间进深较长，属分室龙窑早期形态，其年代应略晚于尾林一号窑ＤＷＹ1-1，而早于ＤＷＹ1-2，因此内坂二号窑址的年代应为南宋中晚期至元代早期，即12世纪晚期至13世纪末期。

窑炉建造技术在整个窑业技术中居于核心地位，德化尾林、内坂窑从南宋早期的ＤＷＹ1-1斜坡式龙窑开始出现挡火墙，南宋中晚期的ＤＮＹ2出现分室较长的分室龙窑，元代的

DWY1-2元代分室龙窑打破DWY1-1宋代龙窑（南—北）
Chambered Dragon Kiln DWY1-2 of the Yuan Dynasty Intruded the Dragon Kiln DWY1-1 of the Song Dynasty (S-N)

DWY1-1窑内倒塌堆积及挡火墙（东—西）
Collapsed Accumulation and Bag Wall in the Kiln DWY1-1 (E-W)

DWY1-4明清横室阶级窑叠压打破DWY1-2元代分室龙窑（南—北）
Horizontal Ascending Kiln DWY1-4 of the Ming-Qing Period Superposed and intruded the Chambered Dragon Kiln DWY1-2 of the Yuan Dynasty (S-N)

DWY1-2分室龙窑隔墙（南—北）
Dividing Wall in the Chambered Dragon Kiln DWY1-2 (S-N)

DWY1-4窑室2内保存的匣钵（东—西）
Saggars Conserved in the Kiln Chamber 2 of DWY1-4 (E-W)

DNY2中段倒塌堆积（北—南）
Collapsed Accumulation in the Middle Section of DNY2 (N-S)

DWY1-2进一步发展为分室较短的分室龙窑，明代晚期的ＤＷＹ1-4出现成熟的横室阶级窑。而窑炉形态发展演变从根本上来说，原动力还是烧制产品的需求。自南宋以来，由于釉中氧化钙的含量不断减少，氧化钾逐渐增多，成为石灰—碱釉，釉的高温黏度增加，为了烧制成釉面光滑均匀的产品，必须要控制升温的速度和保温的时间，传统的斜坡式龙窑很难做到，尤其是德化窑的胎、釉中氧化钾含量都很高，更不适合在龙窑中烧成。因此，德化窑分室龙窑出现后迅速普及，并最终烧造出名扬天下的德化白瓷。

尾林、内坂窑产品装饰技法多采用刻划和模印。刻划多在碗内壁、底部刻划花卉，中间饰篦点、篦划纹等；模印则多在碗、盘内壁模印缠枝花卉、卷草，外壁模印单层或多层莲瓣纹或蝴蝶形花叶纹等。

出土器物中，盒的数量最多。盒盖纹饰种类非常丰富，盖面中心主题纹饰以各种花卉，尤以莲花为多，四周饰以不同边饰，如卷草、水波、连珠、重弦纹等，纹饰构图工整，富有层次变化。部分盒底部刻有文字，以姓氏为主。执壶、瓶类除四方瓶为左右分别模制再黏合成之外，其他大部分为分段模制或拉坯制作后再胎接而成，大部分颈、腹、足部可见有接痕。纹饰主要位于肩、腹部，多为缠枝花卉、卷草、菊瓣、莲瓣纹等。

装烧工艺较复杂，从出土窑具来看，主要有支圈覆烧、伞形支烧具叠烧、涩圈叠烧、垫圈叠烧、匣钵单件或多件装烧等。

尾林、内坂窑出土的大部分标本在国内外沉船及遗址中均有发现，证明德化窑是古代海上丝绸之路的重要组成部分，是宋元时期泉州港成为世界海洋商贸中心的重要商品支撑。尾林窑的发掘，首次在一个窑址中揭露出4座跨宋、元、明、清四个朝代并有叠压打破关系的龙窑、分室龙窑、横室阶级窑，较为完整地揭示了德化窑从宋元时期的龙窑到明清时期的横室阶级窑的发展演变过程，填补了德化窑古代窑业技术史的缺环。同时，此次尾林作坊区的发掘，填补了德化古代窑业在瓷土加工、制瓷工序上的空白，为完整展示德化古代制瓷工艺技术提供了重要的实物资料。

（供稿：羊泽林）

尾林窑作坊制瓷区（DWF2）全景（南—北）
Full View of the Porcelain Studio (DWF2) in the Weilin Kiln Workshop (S–N)

尾林窑作坊瓷土加工区（DWF1）全景（南—北）
Full View of the Clay Processing Area (DWF1) in the Weilin Kiln Workshop (S–N)

DWY1 出土窑具
Kiln Furniture Unearthed from DWY1

DWY1 出土青白釉碗
Bluish-white-glazed Bowl
Unearthed from DWY1

DWY1 出土青白釉盒
Bluish-white-glazed Box Unearthed
from DWY1

DWY1 出土青白釉花口瓶
Bluish-white-glazed
Vase with Scalloped
Rim Unearthed from
DWY1

DWY1 出土伞形支烧具（复原）
Umbrella-Shaped Firing
Stand Unearthed from DWY1
(Restoration)

DWY1 出土 "林书" 铭青白釉盒（底部）
Bluish-white-glazed Box (Bottom)
Marked with Characters "*Lin Shu*"
Unearthed from DWY1

DNY2 出土白釉碗
White-glazed Bowls
Unearthed from DNY2

DWY1 出土青白釉瓶
Bluish-white-glazed Vase
Unearthed from DWY1

DWY1 出土青白釉炉
Bluish-white-glazed Burner
Unearthed from DWY1

DNY2 出土白釉盘
White-glazed Dish Unearthed
from DNY2

Weilin and Neiban kiln sites are located in the northwest of Sanban Town in Dehua County, Fujian Province. From March to July 2020, the Fujian Museum and other institutions excavated the Weilin Kiln Site No. 1 (DWY1), Neiban Kiln Site No. 2 (DNY2), and two workshop sites (DWF1 and DWF2) of the Weilin Kiln, the total excavation area was 442 sq m. The project uncovered 5 kiln remains and a batch of Bluish-white-glazed, white-glazed, and blue-and-white porcelain specimens from the Song to Qing Dynasties. The excavation of the Dehua Weilin Kiln is the first time that found four kilns spanning over the Song, Yuan, Ming, and Qing Dynasties with superposition and intrusion relationships in one single kiln site; fully revealing the evolvement process of the Dehua Kiln from the dragon kiln in the Song-Yuan Period to the horizontal ascending kiln in the Ming-Qing Period, as well as filling the gap in the technological history of the ancient Dehua Kiln industry. Meanwhile, most unearthed specimens have also been found in shipwrecks and sites in China and abroad, proving that the Dehua Kiln was an important component of the ancient Maritime Silk Road.

西安长安区杜回
北宋孟氏家族墓地

THE MENG FAMILY CEMETERY OF THE NORTHERN SONG
DYNASTY IN DUHUI VILLAGE OF CHANG'AN DISTRICT, XI'AN

杜回墓地位于陕西省西安市长安区郭杜街道杜回村南部，地处高阳原南缘、滈河西岸。此处地势高亢轩敞，北顾长安，南眺秦岭，依山傍水，曾是隋唐时期一处重要墓区。2020年6～10月，为配合基本建设，经国家文物局批准，陕西省考古研究院在此发掘汉唐、宋金及明清时期墓葬52座。其中，5座北宋墓葬为孟氏家族墓葬，并统一迁葬于宣和五年（1123年），这系近年来关中地区继蓝田吕氏家族墓发现以来，宋代考古的又一重要新发现。

孟氏家族墓地位于发掘区中部偏北，大致呈南北两排分布，自东向西编号，南排3座，分别为M12、M13和M11，北排2座，分别为M31和M32。发掘确认，北排2座墓葬在2010年前后被盗，幸存两方青石墓志；南排3座墓葬形制保存较为完整，随葬器物丰富，共130余件（套），尤以近60件耀州窑青瓷器最为精美。

5座墓葬均系竖穴墓道洞室墓，形制相同，规模相当，坐北向南，方向约185°，平面近"甲"字形，主要由墓道和墓室两部分组成，水平总长约5.5米，墓底距现地表3～5米。墓道平面呈梯形，北宽南窄，口大底小，壁面平滑、规整，局部可见工具铲修痕迹，开口长2.4～2.7、宽0.7～1.35米，斜坡底长2.6～2.8、宽0.6～1.1米。

M11、M13、M12分布情况（上为北）
Distribution of the Tombs M11, M13, and M12 (North-up)

M11 全景（上为西）
Full View of the Tomb M11 (West-up)

M12 全景（上为西）
Full View of the Tomb M12 (West-up)

在墓道南段东西两壁凿设三角形或半圆形脚窝，利于上下。除 M12 墓室或因建造于沙层上容易坍塌，故以砖券外，其余 4 座均为土洞墓室。墓室平面亦呈北宽南窄的梯形，壁面平滑、规整，地面铲修平整，面阔 0.8 ～ 1.7、进深 2.75 ～ 3.15、

洞高 1.3 ～ 2 米。葬具均为木棺，南北向放置于墓室中部，单人仰身直肢葬，头北足南。M31 和 M32 墓室底部各以 4 块较规整的长方形青石板铺地，北壁下中部专辟龛室放置墓志，较南排 3 座墓葬建造稍考究。除 M11 外，其余 4 座墓葬均出

土有长方形墓志，部分墓志侧面有线刻纹饰。墓地北排2座墓葬被盗，随葬器物几乎不存，南排3座墓葬未遭盗扰，出土了一批精美的随葬器物，有铜、铁、瓷、陶、玉、水晶器等。

M11墓室北部放置有青瓷器15件（组/套），原应置于棺盖外北部。棺内墓主腹部置铜镜1件，原应有镜衣包裹，右脚下亦有菱花形铜镜1件，原应放置于漆木质镜盒内。另在镜盒内有青白瓷瓜棱盒1件，盒外底铭"段家合子记"。墓主头部饰有铜簪，两耳亦饰有坠饰。此外，在墓主头部、右肩、腰腹部及两腿骨间铺衬有铜钱50余枚。M12墓室西侧及棺盖中北部放置有青瓷器23件（组/套），棺内墓主头部、腹部及脚下见有铜版、砚、墨、铜镜与未完全腐朽的皮革品和丝织品等，身侧及背部铺衬有铜钱60余枚。M13墓室西北部随葬有青瓷器20件（组/套），原应放置于棺盖外北部。棺内墓主头部两侧还见有青白瓷杯、铜镜、砚、墨、水晶珠等，身侧及背部铺衬有铜钱60余枚。M31随葬器物被盗掘殆尽，仅在扰土内采集玉石圭板、白瓷盒盖、石砚、陶砚、铜镂空"卍"字纹香薰盖、"太平通宝"铜钱共6件（组）。M32在扰土内采集有鎏金银簪、铜钱及青瓷残片等。

杜回墓地发掘的5座北宋墓，以其排布规律可分为南、北两组，南排墓葬M13墓主孟琼和M12墓主孟珪属亲兄弟关系，是陕府阌乡县主簿孟锐次子与三子；北排墓葬M32墓主张九娘系孟轼之妻，和M31墓主孟璀属母子关系，两墓前后略错位分布。M32墓主张九娘卒于元符二年（1099年），年仅29岁；M31墓主孟璀卒于政和八年（1118年），年仅26岁；M13墓主孟琼卒于政和八年，年仅24岁；M12墓主孟珪卒于宣和四年（1122年），年仅22岁。4位墓主生年均未过30岁，并于宣和五年九月二十三日同一天迁葬京兆府长安县杜回村新茔，孟轼为其妻子和长子及两侄撰写了墓志。此外，M11墓主经鉴定系20～30岁的女性，从其与M12和M13并排而葬分析，三者应存在一定亲缘关系。综上分析，可认定杜回村为北宋晚期孟氏家族墓地所在。根据发掘区各时代墓葬的分布情况及东侧古河道的走向，基本可以确定孟氏家族墓地的四至，这有助于全面了解孟氏墓地的布局情况。据墓志可知，5座墓葬均为同一天迁葬。虽然M31和M32被盗，但这两座墓葬

M11墓室随葬器物出土情况
Grave Goods in Tomb M11 in Situ

M12墓室随葬器物出土情况
Grave Goods in Tomb M12 in Situ

M13墓室随葬器物出土情况
Grave Goods in Tomb M13 in Situ

墓室底部均采用石板铺地，建造较南侧 3 座墓葬更为考究，从侧面反映出作为墓地建设主持者的孟轸对于其妻、子更为关爱。

杜回北宋晚期孟氏家族墓地，除 M31 和 M32 随葬器物在 2010 年前后被盗一空外，其余 3 座墓葬共出土耀州窑瓷器近 60 件（套），以茶具、酒具、生活用器和礼器等为主，器类组合明确，且器形保存基本完整，尤以 2 件猊貌吐香最为精美、罕见。据墓志可知，孟琮和孟珪之长兄曾在耀州为官，这或许是底层官宦家庭出身的孟氏卒后能随葬耀州窑精品的原因。这批耀州窑青瓷器，为研究北宋耀州窑器物类型、烧造工艺及瓷业发展等提供了重要资料。

孟氏家族墓统一埋葬于宣和五年，此时好古之风盛行，古器物著作甚为丰富，如宋徽宗敕撰《宣和博古图》、吕大临编写《考古图》等，吕氏家族墓曾发现数量众多的前代器物及仿古器物，而孟氏家族墓中亦发现有仿古器物，应也是这一风潮下的产物。值得注意的是，关中地区宋元时期墓志多有采用唐代墓志改刻的现象，如蓝田吕氏家族吕大雅墓志改刻自"唐定州刺史张万福墓志"、西安南郊大唐李氏后裔李保枢墓志和元代刘黑马墓志均改刻自唐人墓志，而孟氏家族墓地发现的 4 方墓志分别采用唐代石椁和石棺床进行改刻，这种现象体现出宋元时期对于唐代墓葬器物的认识和理解。此外，墓地还出土有景德镇青白釉瓷器、铜镜、宝石等随葬器物以及石砚、墨锭等精致的文房用品，展现了北宋底层文人的志趣。

（供稿：胡松梅　苗轶飞　张锦阳）

M11 出土青瓷香薰
Celadon Incense Burner Unearthed from Tomb M11

M11 出土铜簪
Bronze Hairpin Unearthed from Tomb M11

M12 出土青瓷瓶
Celadon Vase Unearthed from Tomb M12

M12 出土青瓷双耳三足炉
Celadon Tripod Burner with Two Handles Unearthed from Tomb M12

M12 出土青瓷葵口碗
Celadon Bowl with Scalloped Rim Unearthed from Tomb M12

M11 出土青白瓷瓜棱盒
Bluish-white-glazed Melon-
form Box Unearthed from
Tomb M11

M12 出土青瓷葵瓣温碗
Celadon Flower-shaped Wine-
warming Bowl Unearthed from
Tomb M12

M12 出土青瓷托盏
Celadon Tea Bowl and
Stand Unearthed from
Tomb M12

M11 出土青白瓷瓜棱盒底部 "段家合子记"
Marked Characters "*Duan Jia He Zi
Ji*" at the Bottom of the Bluish-
white-glazed Melon-form Box
Unearthed from Tomb M11

M12 出土青瓷葵口盘
Celadon Dish with Scalloped Rim
Unearthed from Tomb M12

M12 出土青瓷狻猊出香
Celadon Lion-shaped Incense
Burner Unearthed from Tomb
M12

M12 出土青瓷圆套盒
Celadon Round Box Set Unearthed from
Tomb M12

M12 出土青瓷渣斗
Celadon Slops Jar (*Zhadou*)
Unearthed from Tomb M12

M13 出土白瓷锡釦口杯
White-glazed Cup with Tin Rim
Unearthed from Tomb M13

M12 出土青白瓷瓜棱腹瓶
Bluish-white-glazed Vase with Melon-
shaped Body Unearthed from Tomb M12

M12 出土青瓷执壶
Celadon Ewer Unearthed from
Tomb M12

M32 出土鎏金银簪
Silver-gilt Hairpin Unearthed from Tomb M32

M13 出土青瓷台盏
Celadon Tea Bowl and Stand
Unearthed from Tomb M13

From June to October 2020, the Shaanxi Academy of Archaeology discovered 52 tombs of the Han-Tang, Song-Jin, and Ming-Qing Dynasties on the south of Duhui Village of Guodu Street in Chang'an District, Xi'an City, Shaanxi Province; five of which belonged to a family surnamed Meng, who moved the tombs to this location in 1123 CE (the fifth year of the Xuanhe Era of the Northern Song Dynasty). The five Meng family tombs were roughly laid out into north and south two rows. They are all vertical earthen shaft cave pit tombs that sitting north to south with the same shape and scale, and all carry the "甲"-shaped structure that mainly comprises a passage and a chamber. More than 130 pieces (sets) of grave goods have been unearthed, including 4 epitaph tablets and artifacts made of bronze, iron, porcelain, pottery, jade, crystals, etc. In particular, nearly 60 pieces of exquisite Yaozhou celadon wares were unearthed, offering valuable information for studying the ware category, firing techniques, as well as the development of the porcelain industry of the Yaozhou Kiln in the Northern Song Dynasty.

吉林图们磨盘村

山城遗址 2020 年发掘收获

EXCAVATION RESULTS OF MOPANCUN MOUNTAIN CITY

SITE IN TUMEN, JILIN IN 2020

磨盘村山城原名城子山山城，坐落于吉林省延边朝鲜族自治州图们市长安镇磨盘村七组一座北、东、南为布尔哈通河环抱的独立山体上，中心地理坐标为北纬 42°54′59.3″，东经 129°36′59.9″，城内最高点海拔 388 米。山城充分利用自然山势，城垣沿山脊和山腹修筑，平面呈阔叶状，周长 4549 米。城内多为平缓坡地，地表可采集到大量砖瓦等建筑构件。此遗址 2006 年被国务院公布为第六批全国重点文物保护单位。

根据以往曾在城内采拾到的金仿汉仙人神兽铜镜（铜镜边缘侧面阴刻楷书"上京会宁县凿"）、"南京路勾当公事之印"印（印文"南京路勾当公事之印"，印背柱纽左侧刻"天泰三年六月一日"，右侧刻"南京行部造"，城内西北台地采集）等多件带铭文遗物，学界普遍认为磨盘村山城为金末东北地方割据政权东夏国南京城。除带铭文遗物外，城内还发现大量板瓦、筒瓦等建筑构件，特别是红褐色网格纹、绳纹板瓦的发现，说明城内除金东夏国遗存外，还存在更早的文化遗存，有学者推测山城应为渤海早期都城东牟山故址所在。

为准确认识磨盘村山城的年代、性质和空间布局，经国家文物局批准，吉林省文物考古研究所于 2013 ～ 2020 年对遗址开展了连续 8 年的主动性考古发掘，累计发掘面积 6405 平方米，勘探范围逾 20 万平方米，调查范围达 20 平方公里。其中，2020 年的发掘工作揭露门址 1 处、大型建筑基址 2 座、小型房址 12 座、灰坑 27 个，出土大量铁器和建筑构件，另有部分铜钱和石器。

7 号门位于山城东侧，门外地势陡峭。门道内高外低，长 8、宽 3 米，内侧为缓坡，靠近城外部分铺设黄沙土，较为平整。门道两侧发现有地栿痕迹，各有 1 块门柱础石，门道正中置有 1 块门挡石。两侧门垛以块石包砌而成，南侧门垛上还有石砌便道 1 条，推测门道上方有门楼式建筑。出土器物主要为青灰色板瓦等建筑构件及部分铁器。经对门道解剖可知，在当前门道下约 0.5 米处，发现早期门道，为石铺地面，门道内侧设 2 级踏步通入城内。7 号门地势险要，不宜行车马，又早晚沿用，推测应与山城外的布尔哈通河的水运交通有关。

东发掘区紧邻 2019 年主发掘区，共清理遗迹 18 处，包括房址 9 座（F4 ～ F12）、灰坑 9 个（H19 ～ H27）。遗迹均开口于第②层下，打破生土，出土器物以铁器和陶片为主，另有少量瓷片、铜钱、石器等。

F4 ～ F6、F11、F12 均为半地穴式建筑，平面呈圆角方形，边长约 4 米，内设 3 条烟道的火炕，烟道以石板铺砌，灶址结构均为前火塘后操作坑结构。其中 F4、F12 经过二次改扩建，F4 与 F6、F11 与 F12 存在 2 个为一组分布的现象。F7 ～ F10 均受晚期破坏较严重，未见炕板石，F8、F9 仅残存灶坑及部分烟道。

西发掘区建筑群分布在山城西区偏北的坡地上，整体坐西向东，东西向阶梯状分布，至少有 5 级，发现有人工修整平台 20 余处，经勘探初步确认带础石的建筑有 8 座，外围还有疑似道路、

165

7号门址航拍
Aerial Photograph of Gate No.7

7号门址早期门道石铺地面（上为北）
Stone Paved Ground of the Early Pathway of
Gate No. 7 (North-up)

7号门址门道中部早期石砌踏步
Early Stone Steps in the Middle of the Pathway of
Gate No. 7

沟渠等遗迹。2020 年对 D1、D2 台地进行了发掘，清理遗迹 23 处。其中 D1 发掘区包括建筑基址 1 座（J20）、房址 1 座（F15），D2 发掘区包括建筑基址 1 座（J19）、房址 2 座（F13、F14）、灰坑 18 个（H17、H18、H28～H43）。H17、H18 开口于第①层下，F15 开口于第③层下，其他遗迹均开口于第②层下。

D2-J19 平面近长方形，起建于生土层，坐西向东，础石整体呈东西向 5 排，南北向 2 列，现存大小础石 7 块，东南角础石由于晚期活动位置发生偏移，建筑西侧、南侧设排水沟 1 条。

D1-J20 为一座大型建筑基址，平面近长方形，础石呈东西向 5 排，南北向 3 列，现存础石 10 块，居住面存在减柱现象。该建筑南北长 14.2、东西

F4～F6、F11、F12 航拍（上为东南）
Aerial Photograph of House Foundations F4, F5, F6, F11, F12 (Southeast-up)

F4、F6 航拍（上为东）
Aerial Photograph of House Foundations F4, F6 (East-up)

排水沟

出烟口

减柱

ZK1

ZK2

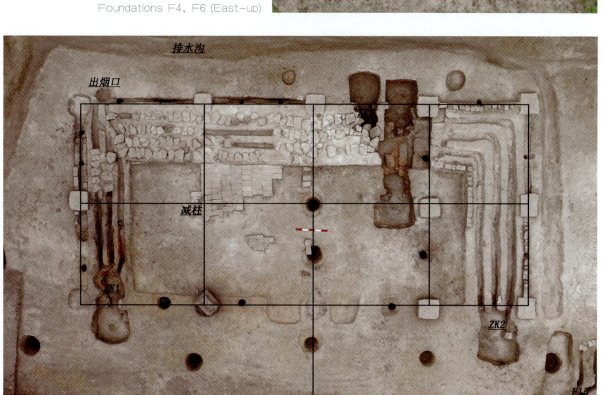

D1-J20（上为西）
Terrace D1-Building Foundation J20 (West-up)

F6 烟道局部
Portion of the Flue of House Foundation F6

F6 北部灶址局部
Portion of the Stove Remains on the North of House Foundation F6

F11、F12 航拍（上为东南）
Aerial Photograph of House Foundations F11, F12 (Southeast-up)

F7 ~ F10 航拍（上为北）
Aerial Photograph of House Foundations F7, F8, F9, F10 (North-up)

F14 航拍（上为西）
Aerial Photograph of House Foundation F14 (West-up)

F15 航拍（上为西）
Aerial Photograph of House Foundation F15 (West-up)

宽 8.2 米，为地面式建筑，基址北、西、南三面可见墙壁基槽，墙体用方砖砌筑，中间用木柱间隔，其中南墙为两列砖砌，中间填补碎砖。建筑内有火炕，3 条烟道，位于北、西、南三面。共发现灶坑 3 个，存在早晚使用及废弃顺序。室内地面南北长 10.4、东西宽 3.9 米，铺设青砖。紧邻基址外侧有排水沟，南侧较深，西侧、北侧较浅，最终向 D1 东南角排水。共发现柱洞 27 个，一般分布于灶坑和门道两侧。出土器物包括瓦当、滴水、砖瓦等建筑构件，还发现大量铁器及少量瓷

片、陶片和石器。这座建筑在西侧烟道位置打破一处早期遗迹，在北侧打破一座小型房址。从出土器物看，D1-J20 属于东夏国时期遗存，也是目前城内发现的唯一带火炕的大型建筑址，布局清晰，形制规整，很可能是城内高级别的起居场所，对于认识山城内不同建筑的功能具有重要价值。

结合勘探结果，确认 D1-J20 西侧高台有一座单侧 7 块础石的大型建筑址，在同级台地的南北两侧，也有 2 座相似的大型建筑址，坐西向东形成一条轴线，同级台地沿等高线布置，基本呈

西发掘区 D2 台地全景（上为西）
Full View of the Terrace D2 of the Western Excavation Area (West-up)

现出山城内宫殿区的布局特点。

　　基于 2019 年磨盘村山城低空激光遥感数据，在滤除地表植被后，获取了高精度的磨盘村山城高程 DEM 渲染图。结合城内地表踏查和测绘工作，共发现台地 188 处、疑似台地 27 处、建筑址 3 座、疑似建筑址 6 座、半地穴式房址 31 座、疑似半地穴式房址 12 座、石头房屋 15 座、坑 171 个、疑似坑 8 个、疑似路 5 条、疑似台阶 1 处，基本呈现出山城西向重点防御的布局特点。

　　2020 年通过对山城西区的重点发掘，确认两处人工台地（D1、D2）均存在地面式大型建筑，其中 D1-J20，布局清晰，形制明确，是山城内建筑的新类型，也是城内首座明确具有居住功能的高等级建筑。12 座小型房址的发现，进一步明确了山城内平民居住址的建筑结构及沿用、改建方式。7 号门址的发现，再次证明山城城垣结构可分为早、晚两期，早期门道砌筑规整，为山城始建年代、使用年代和性质的判定提供了宝贵线索。

　　通过连续的考古工作，磨盘村山城城内晚期遗存的布局逐渐清晰，结合测绘、遥感等多种手段，明确了城内路网、排水等设施的分布情况，发现了包括高等级祭祀建筑、高等级居住建筑、手工业作坊类遗迹、平民居住址、官方仓储机构等多种功能的建筑类型，摸清了东夏国时期城垣结构的特点，为研究这一立国仅 19 年的割据政权的都城历史提供了重要资料，也对探索我国统一多民族国家的形成与发展意义重大。城内早期遗存以红褐色瓦件为代表，分布范围广，规格等级高，很可能与大祚荣"遂率其众东保桂娄之故地，据东牟山，筑城以居之"的渤海立国之城密切相关，但仍需开展更多的考古工作加以确认。

　　　　　　（供稿：徐廷　赵莹　满世金　石玉鑫）

13141920313334353639434849

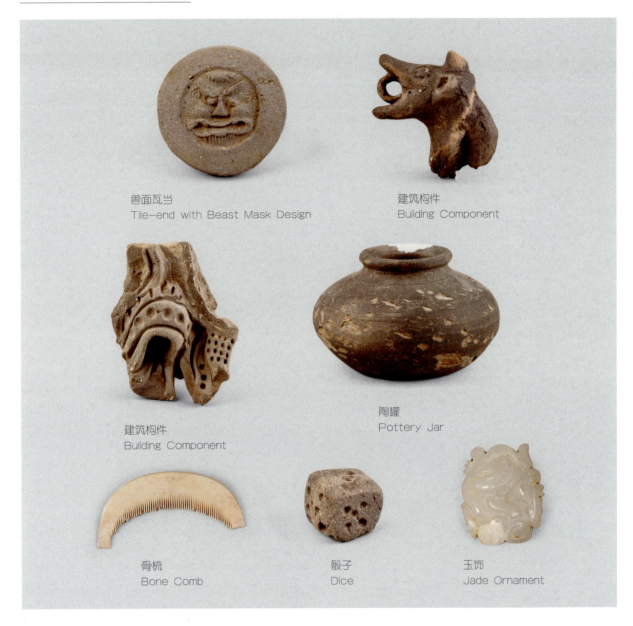

兽面瓦当
Tile-end with Beast Mask Design

建筑构件
Building Component

建筑构件
Building Component

陶罐
Pottery Jar

骨梳
Bone Comb

骰子
Dice

玉饰
Jade Ornament

The Mopancun Mountain City, formerly known as the Chengzishan Mountain City, is located on an independent mountain about 2 km south of Mopan Village in Chang'an Town, Tumen City, Yanbian Korean Autonomous Prefecture, Jilin Province. From 2013 to 2020, the Jilin Provincial Institute of Cultural Relics and Archaeology have carried out exploration, survey, and active excavation of the site for eight consecutive years. The project confirmed the site primarily contains two phases of cultural remains: the late remains belonged to the southern capital (Nanjing) of the Eastern Xia Kingdom (1215-1233 CE) – a local separatist regime of the late Jin Dynasty; while the early remains can be dated back to the 7th to 8th centuries. In 2020, archaeologists discovered 1 gate site, 2 large-scale building foundations, 12 small house foundations, 27 ash pits, and many ironware and building components. This excavation also identified the first high-class residential building in this mountain city and clarified the architectural structure, inheritance and reconstruction mechanisms of the civilian residences. Furthermore, the discovered gate site provided key evidence to determine the mountain city's construction date, use period, and nature.

福建安溪青洋下草埔冶铁遗址 2019～2020 年发掘收获

2019-2020 EXCAVATION RESULTS OF XIACAOBU IRON SMELTING SITE IN QINGYANG OF ANXI, FUJIAN

下草埔遗址位于福建省泉州市安溪县尚卿乡青洋村南，东西两侧夹山，南部为水田，北部为现代采矿场，地理坐标为北纬 25°10′59″，东经 117°57′26″。该遗址于 1966 年被发现，是青阳冶铁遗址中最为典型的遗址点，面积约 100 万平方米。2019 年 10 月至 2020 年 8 月，在国家文物局统筹下，北京大学考古文博学院、泉州市文化广电和旅游局、安溪县人民政府联合对下草埔冶铁遗址进行了第一阶段的考古发掘。发掘区包含 14 级台地（TD），共布设探方 68 个，发掘面积约 1800 平方米（含扩方），清理冶铁炉 6 座、石堆（SD）6 处、池塘 1 个、护坡 2 处、房址 4 座、地面（DM1）1 处、小丘（Q1）1 座以及众多板结层。

共发现 6 座冶铁炉，其中 L1、L2 为冶炼块炼铁的碗状小高炉，依傍山坡的原生面修筑而成。L3 位于 DM1 的东北角，为平地砌筑，先用大块的冶炼炉渣堆筑范围，然后再修筑冶炼炉，从目前的情况判断，L3 由原来两侧废弃的四个炉子改筑而成，可以生产块炼铁、生铁以及钢。L1、L2、L3 炉型比较完整，有投料口、出渣口、鼓风口以及操作平台等。L4 为锻炉，用磁铁在附近吸附出大量铁屑，其西侧有淬火缸，为薄胎磁灶窑缸。L5 原为南宋中期的冶铁炉，南宋末至元代被改造成灶。L6 初步判断应为炒钢炉。

6 处石堆主要由炉渣、石块、铁矿石和少量烧土块构成，多数作为台地护坡堆砌，垒砌年代可能较晚，但使用了年代相对较早的冶炼、建筑材料建造。SD1～SD4 和 SD6 主要分布于台地坡面上，是人为垒砌的台地护坡。SD6 中保留了较多相对规整的条石和块状石头，石材来源于建筑。

池塘位于 DM1 北部。经钻探可知，池塘长 30、宽 21 米，总面积约 630 平方米，平面近长方形。池塘的现状经过有规划的、逐渐的形成过程，随着 DM1 的最后铺设而完成。池底整体呈锅底形，深 1.7～2 米。在深 0.6～0.8 米处有一层厚 0.7～1 米的堆积，为黄色的泥沙层，其中夹杂少量炉渣、夹砂陶片和石块，较为致密。池底经探测为青灰色淤泥层，包含物较少，土质更为致密。

护坡位于 TD14 和 TD11 西、南崖壁上，共 2 处。在西部护坡边界可见护坡 B 砖石叠压在护坡 A 外侧，判断护坡 B 年代晚于护坡 A。

小丘 Q1 位于 DM1 西北侧，下部长 13.9、宽 4.5 米，上部长 12、宽 3 米，下部最宽处为 6.18 米、上部最宽处为 5.3 米，高 0.8～1.52 米。通过解剖可知，Q1 为平整 DM1 多余的炉渣等冶炼垃圾堆积而成。

在 TD1、TD2、TD4、TD6、TD7、TD8、TD9、TD11 均发现了与人类活动相关的硬结层。在部分探方内将板结层揭露，其包含物为黏土、块炼铁颗粒、碎炉渣、方解石颗粒等，质地坚硬，可能为单质铁含量较高的炉渣。

在探方 T0912、T0812、T0712 的西侧崖面上发现叠压于板结层下方的原生堆积，呈青灰色与黑灰色交替形成的多层斜坡状，该堆积当为高温冶炼产生的一次废弃堆积。瓦砾堆积分布于遗址高程较高处，在台地竖直崖面和平面上均有发现。而在遗址高程较低的多层台地上，瓦砾堆积

L1（左）、L2（右）
Iron Smelting Furnaces L1 (Left), and L2 (Right)

L3
Iron Smelting Furnace L3

烧结面 A-2
Sintered Surface A-2

则较少。

遗址出土器物包括陶器、瓷器、建筑构件、冶炼遗物、铁器及石块等。

陶、瓷器碎片总计 86703 件（片），大多数器物的年代为南宋中晚期至元代。陶器包括罐、执壶、盆、火盆、缸、盏、器盖、器耳、勺、纺轮等，多为大件器物，产地以安溪本地窑口和磁灶窑为主。瓷器包括碗、碟、盏、盘、瓶、罐、壶、水注、器盖、杯、洗等，以碗为主。釉色有青釉、青白釉、白釉、黑釉和青花等，根据器形、釉色及制作工艺等特征判断，产地包括安溪窑、德化窑、磁灶窑、庄边窑、义窑、永福窑、景德镇窑、龙泉窑和建窑等。共出土 25 件带有墨书的陶、瓷器，集中出土于冶炼炉和建筑遗迹周边区域，说明器主与冶铁生产生活有关，为了解当时冶铁生产状况及冶铁生产者的社会经济地位提供了宝贵信息。

建筑构件主要为筒瓦和板瓦，其中板瓦占绝大多数，筒瓦次之，另有滴水、瓦当残件及地表采集的花纹陶砖。

冶炼遗物主要包括炉渣、矿石、烧土和炉衬。炉渣为下草埔遗址出土器物中数量最多的一类，可分为排出渣、挂渣、炉内渣三种。炉渣的出土证明该遗址曾存在长时间冶铁生产。

铁钉是遗址目前仅见的锻打铁制品之一，证明了该遗址应存在锻造生产。铁片、铁块为块炼铁粗加工产品，是遗址性质的直接证据。矿石以铁矿石为主，另有少量黄铁矿、锰矿石。铁矿石粒径差别较大，大者 30～50 厘米，小者不超过 2 厘米，以粒径 10～15 厘米者居多。此外，遗址还出土了人工切割或使用的石块、石条。

对遗址进行碳十四年代测定和出土陶瓷器类型学研究，表明该遗址的生产集中于宋元时期。下草埔冶铁遗址是国内首个经考古发掘的块炼铁冶炼遗址，遗址具有较为完整的生产技术体系。经过对炉渣的检测分析，确认遗址内生铁冶炼技术和块炼铁技术同时存在，实验室分析检测发现使用块炼法固态还原制钢的证据，同时出现了独特的板结层的冶炼处理技术。

以下草埔遗址为代表的安溪宋元冶铁遗址，普遍存在有规划的板结层的独特现象，具有典型的地方特点，这种技术在国内外尚属首次发现。板结层间的距离大致相等，为 0.6～0.8 米。

T0912 板结层
Compacted layer in Excavation Unit T0912

莲瓣纹瓦当出土情况
Tiles-ends with Lotus Petal Pattern in Situ

冶炼垃圾堆积到一定的高度，便会在上端以"板结层"的方式进行处理，一方面起到压实、固定冶炼垃圾的作用，这是就地处理冶炼垃圾的简易有效的办法；另一方面也可以作为随后冶炼的操作平台。因此，安溪宋元冶铁遗址呈现出自下而上、多依靠山坡修筑冶炉的冶炼方式，到达山坡的一定高度后，该冶场随之弃用，另择其他场所。金相分析表明，处理冶炼垃圾经过泼水冷却、细碎、平整等程序。此外，炉渣、炉灰堆积位置和次序也具有规划性。该遗址发现的冶铁炉多样，冶炼块炼铁的碗状小高炉，可炼块炼铁、生铁的冶炉，以及锻炉并存。冶炉或依傍山坡修筑，或在平地以大炉渣围建，可与《天工开物》的记载相印证。

从遗址出土的莲瓣纹瓦当、建窑盏、景德镇窑青瓷器、德化窑白瓷器等判断，该遗址的等级较高，或与宋代青阳铁务存在某种关联。

下草埔遗址及周边相关遗址地点均分布于古道、水系周围，贯穿其间的陆路、水路运输系统，将区域内、外密切联结，呈现出高度一体化的乡村腹地手工业体系和海港经济体的空间布局和整体形态，这里生产的铁产品成为宋元时期海上丝绸之路贸易的重要商品。

下草埔冶铁遗址是泉州地区宋元时期块炼铁冶炼的代表，它的发掘对研究我国古代块炼铁冶炼的具体步骤及相关遗存特征，了解遗址内生产与生活的图景，促进构建宋元时期福建乃至长江以南地区冶铁业的技术特点和组织结构有重要意义。

（供稿：沈睿文　易曙峰）

矿石
Ores

筒瓦
Semi-cylindrical Tile

花纹砖
Patterned Brick

花纹砖
Patterned Brick

北宋仿景德镇窑青白瓷碗
Jingdezhen-styled Bluish-white-glazed Porcelain Bowl (Northern Song Dynasty)

青花瓷片
Blue-and-white Porcelain Shard

龙泉窑青白釉口沿
Bluish-white-glazed Rim Made in Longquan Kiln

龙泉窑青瓷片
Celadon Shard Made in Longquan Kiln

黑釉盏
Black-glazed *Zhan*-cup

建窑盏
Zhan-cup Made in Jian Kiln

玻璃态炉渣
Glassy Slags

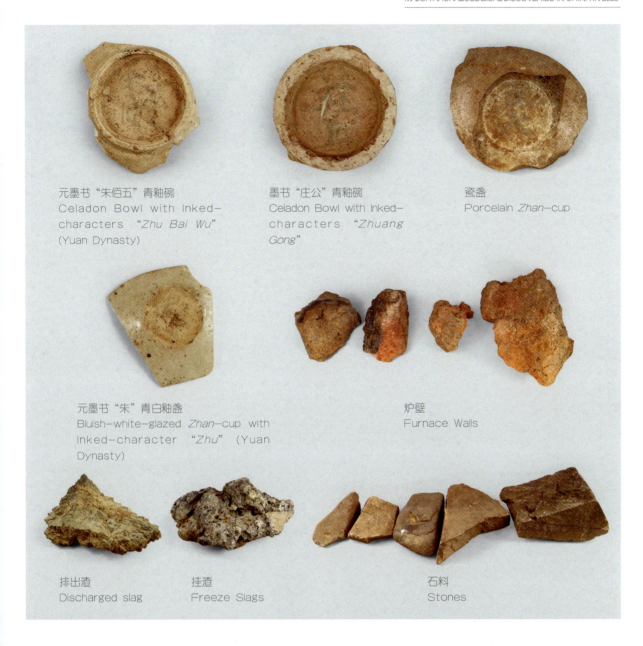

元墨书"朱佰五"青釉碗
Celadon Bowl with Inked-characters "*Zhu Bai Wu*" (Yuan Dynasty)

墨书"庄公"青釉碗
Celadon Bowl with Inked-characters "*Zhuang Gong*"

瓷盏
Porcelain *Zhan*-cup

元墨书"朱"青白釉盏
Bluish-white-glazed *Zhan*-cup with Inked-character "*Zhu*" (Yuan Dynasty)

炉壁
Furnace Walls

排出渣
Discharged slag

挂渣
Freeze Slags

石料
Stones

The Xiacaobu Site is located in Qingyang Village of Shangqing Township, Anxi County, Quanzhou City, Fujian Province, covering about 1 million sq m. It is the most typical site among the iron smelting sites in Qingyang. From October 2019 to August 2020, the School of Archaeology and Museology of Peking University and other institutions conducted the first stage of the excavation. Archaeologists gridded 68 excavation units in an about 1,800 sq m area (including extended units); cleaned 6 iron smelting furnaces, 6 stone heaps, and many compacted layers; unearthed a multitude of potteries, porcelains, building components, smelting remains, ironware, stones, etc. The Xiacaobu Site is the representative of the wrought iron smelting in Quanzhou area during the Song and Yuan Dynasties. The excavation is meaningful for investigating the production process of wrought iron in ancient China, as well as promoting the establishment of the organizational structure of the iron smelting industry in Fujian and even the south region of the Yangtze River during the Song and Yuan Dynasties.

云南红河
建水窑遗址

JIANSHUI KILN SITE IN HONGHE, YUNNAN

建水窑遗址位于云南省红河哈尼族彝族自治州建水县临安镇碗窑村，1982年第二次全国文物普查时被发现，1987年被公布为云南省第三批省级重点文物保护单位。遗址保护面积约8.7万平方米，是云南已知的古窑址中规模最大、持续时间最长且保存较为完整的古窑址，在中国陶瓷史中占有特殊地位，具有重要学术价值。

2020年7～9月，经国家文物局批准，云南省文物考古研究所、北京大学、红河州文物管理所、建水县文物管理所组成联合考古队，对建水窑遗址进行了首次考古发掘。

发掘地点集中在碗窑村下窑区，以湖广窑、洪家窑为主，并对大新窑、高家窑进行了调查试掘。发掘面积500平方米，清理明清窑炉3座、灰坑7个、灰沟4条、匣钵墙2处，出土瓷片及窑具标本30余万件，可复原瓷器3000余件。

一号窑（Y1）位于洪家窑，为砖砌龙窑，方向16°，残长10.9、残宽0.5～1.65米，坡度9.5°。南侧和东侧为窑业活动面，东面地势较低处为窑业废弃物倾倒区。Y1东侧的窑壁和窑尾已破坏，可见近圆形火膛、垫砂窑床及窑床上残存的20余个规律排布的匣钵印痕。靠近窑尾处可见窑壁经两次翻修的痕迹。Y1南侧的护坡墙（Q1）以废弃的筒形匣钵砌建，以保护其西侧地势较高的活动面。Q1残长2.7、高1.35米。Y1活动面东侧为一处地势较低洼的大型冲沟，沟壁和沟底为生土，其中靠近西侧的沟壁较陡直，应经过人工修整。灰沟G1～G3分布于Y1东北侧的高地上，直接在生土上开掘，沟内均密集填埋大量瓷片，应是Y1的废品填埋沟。

二号窑（Y2）位于湖广窑，方向90°。本次发掘揭露了其窑床的尾部，窑床在多层垫土上砌建，最后一次铺设的窑床有分层夯筑的痕迹，未见烟栅。Y2由单砖砌筑窑壁，外围用废窑砖、石块、较为完整的青瓷盆罐等砌成护窑墙，护窑墙尚存两重，表明此窑曾被改建。Y2整体残高1.4、残长8.6米，护窑墙最宽处11.3、窑炉外围宽5.5～6.3米，现存窑床残长4.6、宽3.8米，坡度10°。窑床两侧各保存有带"八"字形摆手的窑门一处。

出土器物有青瓷器和青花瓷器，另有少量酱釉瓷器。青瓷器包括碗、盘、盘口罐、堆塑火葬罐、小壶、擂钵等，以及砌筑Y2护窑墙所用大型青瓷罐、盆、坩埚。青花瓷器包括碗、盘、瓶、高足杯、香炉、盆、罐等。器类总体以日用器具为主，还有少量炉、花瓶座、净水碗等花香用具以及青瓷盘口罐、堆塑和青花火葬罐等葬具。总体而言，青花瓷器的生产时间集中在早期层位，而青瓷器的生产贯穿始终。青瓷器中有一类产品的釉色和器形都与龙泉窑青瓷风格接近，有印花、划花、刻花装饰。青花纹饰以铁索云气楼阁纹、结带十字宝杵纹、龟背锦纹、缠枝大叶花卉和海棠形开光折枝花卉纹等为主。采用支钉加垫圈叠置于筒形匣钵的方式烧制，不同釉色、纹饰的器物混装烧成。青花瓷器和青瓷碗、盘外底多涂刷酱褐色护胎釉。推测窑场整体生产时间集中在明代早中期，创烧时间大体在明正统、景泰、天顺三朝。

大新窑和高家窑试掘的地层堆积以密集的各时期窑业废弃物为主，最下层的器物与洪家窑、湖广窑产品相似；晚期器物主要为青瓷小碗，部分有铁彩绘画的花草纹、鱼藻纹，还出土刻有"丁丑"纪年的"潘元记"款白陶烟斗。这两处地点的上层堆积时代为近代，与湖广窑和洪家窑的产品组合有较明显的差别。

碗窑村窑址是一处古今沿用型窑址，从明代沿用至现代，在古代窑址中十分少见。发掘区内揭露的三座龙窑和周边的操作面、废弃沟、护坡墙、原料坑等遗迹，表明在一个地点集中了备料、成形、烧制和成品分选等窑业生产的全部环节。这是一种小群体分散进行生产的模式，但各窑场间和窑场内部又有相对细致的分工。碗窑村范围内分布有小规模窑址20余处，因此，这里的窑业呈现出一种总体分工、分散生产的商品生产模式，与同期中原地区景德镇、彭城等地大规模集约化生产和高度的专业化分工的生产模式有较大差别，而与广东佛山石湾窑分为盆行、碗行等"十三行"的生产模式相似。

本次考古发掘，修正了许多既有的观念，获取了对建水窑的一些全新认识。

第一，初步判断建水窑的创烧时间为明代早期，修正了以往认为云南青花瓷始烧于元代的认识。淡青釉瓷器、仿龙泉青瓷器、青釉瓷器、青花瓷器出土于相同层位，说明几类产品同时烧造，修正了既有认为建水窑的发展是青瓷—青釉印花瓷加青花瓷—青花瓷的单线式发展进程的推断。

第二，仿龙泉青瓷类产品的器形和装烧工艺，与浙江龙泉青瓷生产传统有密切联系，该窑址是明代迅速出现的遍及福建南部、广东、广西沿海地区的仿龙泉生产区域最靠西南的地点，生产时代与龙泉窑中心区生产衰落的时间相始终。青花瓷的器形和纹饰则与景德镇窑有密切联系。建水窑的钴料应来源于云南本地。建水窑在明代早中期大量生产青花瓷，表明景德镇民窑开始大量生产青花瓷以后，其生产技艺迅速辐射到其他地区，并有可能与景德镇青花瓷在明代中期以后使用云南钴料的工艺有关联。

洪家窑 G2
Trench G2 (Hongjia Kiln)

第三，建水窑在某些生产技术上与红河流域下游的越南地区制瓷业有较密切的联系，共同构成了红河流域制瓷业较为独特的技术体系，其在元末至明代前期海上贸易以及中国与东南亚地区的模仿与竞争中扮演了重要角色，在海上丝绸之路的研究中具有重要意义。

洪家窑龙窑窑炉 Y1
Dragon Kiln Y1 (Hongjia Kiln)

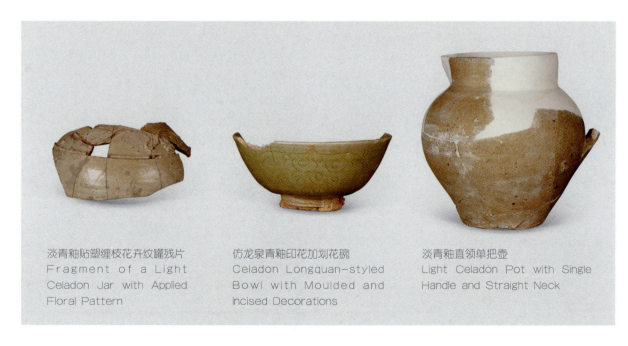

淡青釉贴塑缠枝花卉纹罐残片
Fragment of a Light
Celadon Jar with Applied
Floral Pattern

仿龙泉青釉印花加划花碗
Celadon Longquan-styled
Bowl with Moulded and
Incised Decorations

淡青釉直领单把壶
Light Celadon Pot with Single
Handle and Straight Neck

第四，确定了建水紫陶与建水窑的紧密关系。高家窑地点出土的"丁丑"纪年器和"潘元记"题记的白陶烟斗，证明紫陶的早期大宗产品——烟斗来自建水窑古今延续的生产区域和工艺传统。建水窑的长期生产为紫陶的创烧积累了工艺技术、生产环境和管理体制基础。

本次发掘获取了建水窑的古代遗存信息，为深入研究建水窑的生产时间、阶段变化、文化内涵提供了丰富资料，推进了对建水窑在古代西南地区制瓷业重要地位的认识，有助于进一步揭示红河流域制瓷技术体系的整体面貌，为进一步繁荣建水紫陶的生产和建水瓷业文化遗产的保护利用提供了重要资料。

（供稿：戴宗品　王筱昕　田丁方）

洪家窑 T4
Excavation Unit T4 (Hongjia Kiln)

湖广窑瓷土取土坑
Clay Pit (Huguang Kiln)

湖广窑 Y2 护窑墙
Kiln Y2's Protective Wall (Huguang Kiln)

青花花卉纹及龟背锦纹碗
Blue-and-white Bowls with
Floral and Turtle Shell Patterns

青花碗残片
Fragment of a Blue-and-
white Bowl

青花海棠形开光四季花卉纹碗
Blue-and-white Begonia-
shaped Bowl with Panels and
Four Seasons of Flowers
Pattern

青花禽鸟纹侈口碗
Blue-and-white Bowl with
Flared Rim and Bird Pattern

青花云气纹碗
Blue-and-white Bowl with
Cloud Pattern

青花高足杯
Blue-and-white Stem Cup

青花缠枝花卉纹高足杯
Blue-and-white Stem Cup with
Floral Pattern

青花一束莲纹折沿盘
Blue-and-white Dish with Everted Rim and "A Bunch of Lotus" Pattern

青釉盘
Celadon Dish

仿龙泉青釉印花花口折沿盘
Celadon Longquan-styled Dish with Everted Scalloped Rim and Moulded Decoration

酱釉敞口印花碗
Brown-glazed Bowl with Flared Rim and Moulded Decoration

青花缠枝菊纹荷叶罐盖
Lotus Leaf-shaped Lid of a Blue-and-white Jar with Chrysanthemum Pattern

蓝釉白彩缠枝花卉纹碗
Blue-glazed and White-painted Bowl with Floral Pattern

The Jianshui Kiln Site is located in Wanyao Village of Lin'an Town, Jianshui County, Honghe Hani and Yi Autonomous Prefecture, Yunnan Province. From July to September 2020, the Yunnan Institute of Cultural Relics and Archaeology and other institutions conducted active excavations of the Huguang Kiln and Hongjia Kiln in the Xiayao area of Wanyao Village; surveyed and experimentally excavated the Daxin Kiln and Gaojia Kiln. 3 kilns, 7 ash pits, 4 ash trenches, and 2 sagger walls of the Ming-Qing Dynasties have been discovered in the 500 sq m excavation area. Over 300,000 porcelain shards and kiln furniture specimens were unearthed, from which have restored more than 3000 pieces of porcelain. It is the first archaeological excavation of the Jianshui Kiln Site, clarifying that the Jianshui Kiln's production began in the early Ming Dynasty. The new recognition corrected the previous opinion that Yunnan's blue-and-white porcelain industry started from the Yuan Dynasty and improved the understanding of the status of the Jianshui Kiln in the porcelain production industry in the ancient southwestern area.

M16出土男侍俑
Tomb-figurine of Servant
from Tomb M16

M16出土男侍俑
Tomb-figurine of Servant
from Tomb M16

M16出土陶马
Pottery Horse from Tomb M16

M16出土陶牛
Pottery Ox from Tomb M16

M16出土陶镇墓龙
Pottery Tomb-guarding Dragon from Tomb M16

林传》. This is the largest kin graveyard of Yuan period so far discovered in the Shaanxi region. The unearthed objects fall into gold-ware, silverware, bronzes, ironware, porcelain, pottery, fabrics, etc., with the pottery coming first in amount. The discovery of the graveyard enriched the material of archaeology of the Yuan period, and has important academic value to researching into the Yuan period tomb form and funeral objects combination in the Shaanxi region, especially in the Xi'an area, as well as to inquiring into the mourning culture of Yuan times. The text of the epitaph can be collated with other documents, such as the *History of the Yuan* 《元史》 and the *History of the Mongols* 《蒙兀尔史记》, and constitutes a piece of valuable literal evidence.